21 heroínas afroamericanas extraordinaries

Relatos sobre las mujeres de raza negra más relevantes del siglo XX: Daisy Bates, Maya Angelou y otras personalidades (Libro de biografías para jóvenes y adultos)

Por Student Press Books

Índice de contenidos

Introducción

Conoce a las extraordinarias heroínas afroamericanas del siglo XX: biografías para mayores de 12 años.

Bienvenido a la serie de Historia de la raza negra. Este libro presenta modelos femeninos negros del siglo XX. Con 21 Heroínas Afroamericanas extraordinarias, este libro presenta biografías inspiradoras de pioneras de América, África y Europa.

¿Alguna vez has querido leer sobre las vidas de mujeres de raza negra que marcaron un punto de inflexión en nuestro mundo?

Este libro es para todo aquel que quiera saber más sobre estas increíbles heroínas negras, y presenta las historias de 21 heroínas afroamericanas extraordinarias que han marcado un antes y un después, en nuestro mundo y han allanado el camino para las generaciones futuras. Te presentaremos a figuras notables como Daisy Bates, Hattie McDaniel, Toni Morrison, Shonda Rhimes, ¡Y muchas más!

Estas heroínas afroamericanas extraordinarias superaron los obstáculos y lograron grandes hazañas a pesar de sus circunstancias. Lo mejor de leer estas increíbles historias es saber que fueron reales. Estas mujeres fueron verdaderas heroínas que hicieron mucho por todos nosotros; es hora de que les reconozcamos sus logros y nos aseguremos de que su legado perdure para siempre. También es importante recordar lo lejos que hemos llegado desde entonces: ¡Ahora existen muchas más oportunidades para las jóvenes negras que antes!

Este libro de la serie Historia de la raza negra **abarca:**

- Biografías fascinantes: lea sobre iconos famosos, influyentes e inspiradores como Bessie Coleman, Miriam Makeba, Ellen Johnson Sirleaf y otros.
- Retratos vívidos: haz que estas 21 heroínas afroamericanas extraordinarias cobren vida en tu imaginación con la ayuda de estimulantes fotos o ilustraciones.

Sobre la serie: La serie Historia de la raza negra de Student Press Books presenta nuevas perspectivas sobre las líderes afroamericanas extraordinarias que inspirarán a los jóvenes lectores a considerar su lugar en una sociedad cada vez más diversa. ¿Quién será tu próxima fuente de inspiración?

21 heroínas afroamericanas extraordinarias va más allá de otros libros de biografías de las personas negras para destacar temas y personas de todo el mundo. También es un gran regalo para cualquier hija, hermana, sobrina o nieta.

Tu regalo

Tienes un libro en tus manos.

No es un libro cualquiera, es un libro de Student Press Books. Escribimos sobre héroes negros, mujeres empoderadas, mitología, filosofía, historia y otros temas interesantes.

Ya que has comprado un libro, queremos que tengas otro gratis.

Todo lo que necesita es una dirección de correo electrónico y la posibilidad de suscribirse a nuestro boletín (lo que significa que puede darse de baja en cualquier momento).

¿A qué espera? Suscríbase hoy mismo y reclame su libro gratuito al instante. Todo lo que tiene que hacer es visitar el siguiente enlace e introducir su dirección de correo electrónico. Se le enviará el enlace para descargar la versión en PDF del libro inmediatamente para que pueda leerlo sin conexión en cualquier momento.

Y no te preocupes: no hay trampas ni cargos ocultos; sólo un regalo a la vieja usanza por parte de Student Press Books.

Visite este enlace ahora mismo y suscríbase para recibir un ejemplar gratuito de uno de nuestros libros.

Link: https://campsite.bio/studentpressbooks

Bessie Coleman (1893-1926)

Primera aviadora afroamericana

"Si puedo crear el mínimo de mis planes y deseos, no habrá arrepentimientos".

La aviadora estadounidense Bessie Coleman se convirtió en la primera mujer afroamericana en pilotar un avión. Se hizo un nombre como estrella de las primeras exhibiciones de aviación y espectáculos aéreos.

Elizabeth Coleman pudo haber nacido el 26 de enero de 1893 (las fuentes no coinciden en el año), en Atlanta, Texas, pero creció en Waxahatchie, Texas. La familia de Coleman era pobre y, siendo aún una niña, Coleman ayudaba a menudo en el negocio de algodón de la familia. Asistió brevemente a la universidad en Langston, Oklahoma, y luego se trasladó a

Chicago, Illinois. Allí Coleman trabajó como manicurista y gerente de un restaurante y se interesó por la entonces nueva profesión de la aviación.

Ante la discriminación racial, Coleman no pudo entrar en las escuelas de aviación de Estados Unidos. Impertérrita, aprendió francés y a los 27 años fue aceptada en una escuela de aviación en Le Crotoy, Francia. Los filántropos negros Robert S. Abbott, fundador del periódico Chicago Defender, y Jesse Binga, banquero, le ayudaron a pagar la matrícula.

El 15 de junio de 1921, Bessie Coleman se convirtió en la primera mujer estadounidense en obtener una licencia de piloto internacional de la Fédération Aéronautique Internationale. Durante su formación en Francia, se especializó en vuelo acrobático y paracaidismo, y sus hazañas fueron captadas en los noticiarios de la época.

Bessie Coleman regresó finalmente a Estados Unidos y el 3 de septiembre de 1922 emprendió el primer vuelo público de una mujer afroamericana. Coleman se convirtió en una popular aviadora en espectáculos aéreos por todo el país, aunque se negó a actuar ante públicos segregados en el Sur.

Coleman también recaudó dinero para fundar una escuela de formación de aviadores negros. Sin embargo, antes de que la escuela se convirtiera en realidad, el 30 de abril de 1926, en Jacksonville (Florida), mientras se preparaba para un espectáculo, el avión en el que viajaba Coleman se descontroló y la catapultó a 600 metros de altura hasta la muerte.

Destacados

- Bessie Coleman, una de trece hijos, creció en Waxahatchie, Texas, donde su aptitud matemática la libró de trabajar en los campos de algodón.
- La discriminación frustró los intentos de Coleman de entrar en las escuelas de aviación de Estados Unidos. Impertérrita, aprendió francés y en 1920 fue aceptada en la Escuela de Aviación de los Hermanos Caudron en Le Crotoy, Francia.
- En su formación posterior en Francia, se especializó en vuelo acrobático y paracaidismo; sus hazañas fueron recogidas en los noticiarios.

- Regresó a Estados Unidos, donde los prejuicios raciales y de género le impidieron convertirse en piloto comercial. Su única opción profesional fue el vuelo de acrobacia, o barnstorming.

Preguntas de investigación

---

1. ¿Cree que en el mundo actual siguen existiendo barreras que impiden el éxito de las personas por el color de su piel o su sexo?
2. ¿No se siente increíble y empoderado cuando una mujer negra tiene éxito en estos días?
3. ¿Quiénes son algunas de sus heroínas negras favoritas en la literatura o la cultura pop recientemente?

Daisy Bates (1914-1999)

Activista afroamericano de los derechos civiles

"El hombre que nunca se equivoca siempre recibe órdenes de uno que sí lo hace. Ningún hombre o mujer que intente perseguir un ideal a su manera carece de enemigos".

La periodista y activista de los derechos civiles estadounidense Daisy Bates resistió la intimidación económica, legal y física para defender la igualdad racial, sobre todo en la integración de las escuelas públicas de Little Rock, Arkansas. Por su trabajo con el grupo de nueve estudiantes que fueron los primeros afroamericanos en ingresar en la Central High School de Little Rock, ella y los estudiantes recibieron la medalla Spingarn en 1958.

Daisy Lee Gatson nació el 10 de noviembre de 1914 en Huttig, Arkansas. Fue adoptada cuando era un bebé tras el asesinato de su madre y la posterior huida de su padre por su propia seguridad, antes de que pudiera comenzar el procesamiento de los tres hombres blancos sospechosos del asesinato. Asistió a las escuelas públicas segregadas de Huttig, donde experimentó de primera mano las malas condiciones en las que se educaba a los estudiantes negros. En 1941 se casó con L.C. Bates, un vendedor de seguros y antiguo periodista, y juntos se trasladaron a Little Rock. Al año siguiente se unió a su marido en su periódico semanal, el Arkansas State Press. El periódico se centraba en la necesidad de mejoras sociales y económicas para los residentes negros del estado y se hizo conocido por su intrépida información sobre los actos de brutalidad policial contra los soldados negros de un campamento militar cercano.

Como partidario público y muy vocal de muchos de los programas de la Asociación Nacional para el Progreso de las Personas de Color (NAACP), Bates fue seleccionado en 1952 para ser presidente de la conferencia estatal de la rama de la organización en Arkansas. Después de que el Tribunal Supremo de los Estados Unidos considerara inconstitucional la segregación en 1954, Bates lideró la protesta de la NAACP contra el plan de la junta escolar de Little Rock de integración lenta de las escuelas públicas y presionó en su lugar para la integración inmediata. Comenzó a llevar personalmente a los niños negros a las escuelas públicas blancas, acompañada por fotógrafos de periódicos que registraban cada caso en el que se negaba la admisión a los niños. Esta intensa presión indujo al consejo escolar a anunciar su plan de comenzar la desegregación en la Central High School en septiembre de 1957. Bates y los nueve estudiantes negros que fueron elegidos para matricularse en el instituto resistieron los intentos de intimidación por parte de la oposición blanca de Little Rock, que incluyeron concentraciones, acciones legales, amenazas y actos de violencia. Se impidió que los estudiantes negros entraran en la escuela hasta que, finalmente, el 24 de septiembre, el presidente Dwight D. Eisenhower ordenó a todas las unidades de la Guardia Nacional de Arkansas y a 1.000 paracaidistas que impusieran la integración de la escuela. Al día siguiente, Bates y los estudiantes fueron escoltados de forma segura a la escuela. Siguió siendo una defensora de los estudiantes durante toda su estancia en la escuela.

Los Bates se vieron obligados a cerrar la Arkansas State Press en 1959 debido a sus esfuerzos de desegregación. Daisy Bates publicó un libro sobre sus experiencias, The Long Shadow of Little Rock, en 1962. En los años siguientes, trabajó para la campaña de educación de los votantes del Comité Nacional Demócrata y para los programas de lucha contra la pobreza del presidente Lyndon B. Johnson en Washington, D.C. Tras sufrir un derrame cerebral en 1965, regresó a su estado natal y en 1968 empezó a trabajar en un proyecto de revitalización de la comunidad en Mitchellville, Arkansas. Resucitó el Arkansas State Press en 1984, pero lo vendió varios años después. Bates mantuvo su participación en numerosas organizaciones comunitarias y recibió numerosos honores por su contribución a la integración de las escuelas de Little Rock. Murió el 4 de noviembre de 1999 en Little Rock.

Destacados

- Daisy Gaston asistió a las escuelas públicas segregadas de Huttig, donde experimentó de primera mano las malas condiciones en las que se educaba a los estudiantes negros.
- Daisy Bates publicó su autobiografía, The Long Shadow of Little Rock, en 1962.
- Resucitó el Arkansas State Press en 1984, pero lo vendió varios años después.
- Bates mantuvo su participación en numerosas organizaciones comunitarias y recibió numerosos honores por su contribución a la integración de las escuelas de Little Rock.

Preguntas de investigación

1. ¿Qué mujer negra le inspira más? ¿Por qué?
2. ¿Dónde sería un buen lugar para que los lectores puedan saber más sobre esta persona?
3. ¿Cuáles son algunas de las razones por las que celebramos a las mujeres en el mes de la historia negra?

Miriam Makeba (1932-2008)

Cantante sudafricana y primera africana en recibir un premio Grammy

"Ten cuidado, piensa en el efecto de lo que dices. Tus palabras deben ser constructivas, unir a la gente, no separarla"

La cantante sudafricana Miriam Makeba era conocida como "Mama Afrika". Makeba fue la primera cantante africana en recibir un Grammy, un premio que se concede a los logros más destacados en la industria discográfica estadounidense. También era conocida por denunciar el apartheid y el racismo en todas partes.

Zenzile Miriam Makeba nació el 4 de marzo de 1932 en el municipio de Prospect, cerca de Johannesburgo. Creció en Sophiatown, un suburbio de Johannesburgo. Comenzó a cantar en el coro de la escuela cuando era pequeña. En la década de 1950 fue cantante de un grupo llamado

Manhattan Brothers. Más tarde cantó con un grupo femenino, los Skylarks.

En 1959 Makeba protagonizó el musical King Kong, de Todd Matshikiza. El cantante estadounidense Harry Belafonte se fijó en ella. Ayudó a Makeba a viajar a Estados Unidos en 1959.

En 1960, el gobierno sudafricano no permitió que Makeba regresara a Sudáfrica. El gobierno prohibió los discos de Makeba en 1963. También le retiraron el pasaporte. Vivió en el extranjero durante 30 años. Durante este tiempo, testificó ante las Naciones Unidas contra el apartheid. Makeba se casó con el trompetista Hugh Masekela en 1964. Pronto se divorciaron, pero siguieron trabajando juntos.

Makeba tuvo una exitosa carrera en el extranjero. Fue especialmente popular por sus canciones en isiXhosa (lengua xhosa) e isiZulu (lengua zulú). Se hizo famosa por canciones como "Pata Pata" (1967) y la "Click Song" (1960). En 1965 Makeba y Belafonte ganaron un Grammy por su álbum An Evening with Belafonte/Makeba.

Con su siguiente marido, el activista de los derechos civiles Stokely Carmichael (más tarde Kwame Toure), Makeba vivió durante un tiempo en Guinea, en África occidental. Más tarde vivió en Bélgica. Durante su exilio actuó en muchos otros países. En 1990, el líder negro sudafricano Nelson Mandela salió de la cárcel. Mandela pidió a Makeba que volviera a Sudáfrica. En Sudáfrica fue honrada como heroína de la lucha contra el apartheid.

Makeba grabó más de 30 álbumes en su vida. Recibió muchos premios y honores internacionales. Miriam Makeba murió el 10 de noviembre de 2008, después de dar un concierto en Italia.

Destacados

- A finales de la década de 1950, el canto y la grabación de Miriam Makeba la habían hecho muy conocida en Sudáfrica, y su aparición en el documental Come Back, Africa (1959) atrajo el interés de Harry Belafonte y otros intérpretes estadounidenses.
- En 1960, a Makeba se le negó la entrada en Sudáfrica, y desde entonces vivió en el exilio durante tres décadas.

- En 1990, el activista negro sudafricano Nelson Mandela, que acababa de ser liberado de su prolongado encarcelamiento, animó a Makeba a regresar a Sudáfrica, donde actuó en 1991 por primera vez desde su exilio.
- Miriam Makeba grabó 30 álbumes originales, además de 19 álbumes recopilatorios y apariciones en las grabaciones de varios otros músicos.

Preguntas de investigación

---

1. ¿Por qué cree que fue considerada influyente? ¿Qué aportó al mundo?
2. ¿Cómo afecta su contribución a tu vida actual?
3. Si hay una cosa que pudiera pedirle, ¿qué sería?

Marian Anderson (1897-1993)

El primer afroamericano que actuó en la Ópera Metropolitana de Nueva York

"El miedo es una enfermedad que carcome la lógica y hace al hombre inhumano".

La contralto estadounidense Marian Anderson fue pionera en superar la discriminación racial. Después de que se le prohibiera cantar en el Constitution Hall de Washington, D.C., a causa de su origen étnico, actuó en su lugar (1939) en las escaleras del Lincoln Memorial ante un público de más de 75.000 personas, aumentando así la conciencia pública de los prejuicios existentes.

Marian Anderson fue la primera afroamericana en cantar en la Metropolitan Opera de Nueva York (1955), donde interpretó a Ulrica en una representación de Un ballo in maschera, de Guiseppe Verdi. Su voz era una rareza, una auténtica contralto profunda.

Anderson nació el 17 de febrero de 1897 en Filadelfia, Pensilvania. Comenzó a cantar en una iglesia baptista a los seis años. En 1925, Anderson fue seleccionada entre 300 concursantes para actuar como solista con la Orquesta Filarmónica de Nueva York, tras lo cual pasó diez años estudiando y cantando en Europa.

Principalmente recitalista, Anderson no cantó ningún otro papel de ópera. Su repertorio incluía oratorios, lieder (canciones artísticas alemanas) y, sobre todo, música de Johann Sebastian Bach, George Frideric Handel, Gustav Mahler, Jean Sibelius y espirituales. La autobiografía de Marian Anderson, My Lord, What a Morning, apareció en 1956. Entre sus numerosos premios se encuentra la Medalla Spingarn de 1939. Murió el 8 de abril de 1993 en Portland (Oregón).

Destacados

- Anderson demostró su talento vocal desde niña, pero su familia no podía permitirse pagar una formación formal. A partir de los seis años, fue tutelada en el coro de la Iglesia Bautista de la Unión, donde cantaba partes escritas para voces de bajo, alto, tenor y soprano.
- El 7 de enero de 1955 se convirtió en la primera cantante afroamericana en actuar como miembro de la Ópera Metropolitana de Nueva York.
- En 1977, su 75º cumpleaños se celebró con un concierto de gala en el Carnegie Hall.
- Entre sus innumerables honores y premios se encuentran la Medalla Nacional de las Artes en 1986 y el Premio Grammy a la Trayectoria de la industria musical estadounidense en 1991.

Preguntas de investigación

---

1. ¿Quiénes serían sus elegidas como las mujeres negras más importantes de la historia?
2. ¿Qué consejo daría a las jóvenes negras que aún no saben cuál es su lugar en la sociedad?

3. ¿Cuál es la cita de una mujer negra que más le inspira?

Maya Angelou (1928-2014)

Poeta, dramaturgo e intérprete afroamericano

"He aprendido que la gente olvidará lo que dijiste, la gente olvidará lo que hiciste, pero la gente nunca olvidará cómo les hiciste sentir."

Maya Angelou produjo varias autobiografías que exploran temas de opresión. En ellas examinaba especialmente la forma en que la sociedad trata a las personas pobres, negras y mujeres. Angelou se convirtió en la primera mujer afroamericana en tener un largometraje adaptado de una de sus propias historias cuando se produjo su guión *Georgia, Georgia* en 1972.

Nacida como Marguerite Johnson el 4 de abril de 1928 en St. Louis, Missouri, Angelou pasó gran parte de su infancia viviendo con su abuela paterna en la zona rural de Stamps, Arkansas. Después de que el novio de su madre la agrediera cuando tenía ocho años, pasó un largo periodo de mutismo.

Esta vida temprana es el tema central de la primera obra autobiográfica de Angelou, *I Know Why the Caged Bird Sings* (1970). Los volúmenes autobiográficos posteriores incluyen *Gather Together in My Name (1974)*, *Singin' and Swingin' and Gettin' Merry Like Christmas* (1976), *The Heart of a Woman* (1981), *All God's Children Need Traveling Shoes* (1986), *A Song Flung Up to Heaven* (2002) y *Mom & Me & Mom (2013).*

En 1940 Angelou se trasladó con su madre a San Francisco, California. En un momento dado trabajó como bailarina, tiempo durante el cual asumió su nombre profesional. A finales de la década de 1950, Angelou se instaló en Nueva York y fue animada a escribir por los miembros del Harlem Writers' Guild.

En esa misma época, Maya Angelou consiguió un papel en una producción de *Porgy and Bess*, de George Gershwin, y se quedó con la compañía, que acabó haciendo una gira por 22 países de Europa y África. También estudió danza con Martha Graham y Pearl Primus. En 1961, Angelou actuó en la obra de Jean Genet *Los negros*.

Ese mismo año, un disidente sudafricano con el que Angelou estuvo brevemente casada la convenció para que se trasladara a El Cairo, Egipto, donde trabajó para el *Arab Observer*. Más tarde se trasladó a Ghana y trabajó en *The African Review*.

En 1966 Maya Angelou regresó a California, donde escribió *Black, Blues, Black*, una serie de televisión de 10 capítulos sobre el papel de la cultura africana en la vida estadounidense. Se emitió en 1968. También actuó en varias producciones televisivas, como la miniserie *Roots* (1977), y en películas como *Poetic Justice* (1993) y *How to Make an American Quilt* (1995). En 1998 Angelou debutó como directora con *Down in the Delta* (1998).

La poesía de Angelou, recogida en volúmenes como *Just Give Me a Cool Drink of Water 'fore I Diiie* (1971), *And Still I Rise* (1978), *Now Sheba Sings the Song* (1987) y *I Shall Not Be Moved* (1990), se basa en gran medida en su historia personal. También escribió un libro de meditaciones, *Wouldn't Take Nothing for My Journey Now* (1993), y un libro lleno de anécdotas sobre consejos a las mujeres titulado *Letter to My Daughter* (2008), aunque su único hijo biológico era varón.

Entre los libros infantiles de Maya Angelou se encuentran *Mi casa pintada, Mi gallina amiga y yo* (1994) y *La vida no me asusta* (1998). La serie *El mundo de Maya* se publicó en 2004-05 y presentaba historias de niños de diversas partes del mundo.

En 1981, Maya Angelou se convirtió en profesora de Estudios Americanos en la Universidad Wake Forest de Winston-Salem, Carolina del Norte. Fue galardonada con la Medalla Presidencial de la Libertad en 2011. Angelou murió el 28 de mayo de 2014 en Winston-Salem.

Destacados

- La poesía de Maya Angelou, recogida en volúmenes como Just Give Me a Cool Drink of Water 'fore I Diiie (1971), And Still I Rise (1978), Now Sheba Sings the Song (1987) y I Shall Not Be Moved (1990), se basó en gran medida en su historia personal, pero empleó los puntos de vista de varios personajes.
- También escribió un libro de meditaciones, Wouldn't Take Nothing for My Journey Now (1993), y libros infantiles como My Painted House, My Friendly Chicken and Me (1994), Life Doesn't Frighten Me (1998), y la serie Maya's World, que se publicó en 2004-05 y presentaba historias de niños de diversas partes del mundo.
- Celebró el 50º aniversario de las Naciones Unidas en el poema "A Brave and Startling Truth" (1995) y eligió a Nelson Mandela en el poema "His Day Is Done" (2013), encargado por el Departamento de Estado de Estados Unidos y publicado tras la muerte del líder sudafricano.
- En 2011 Angelou recibió la Medalla Presidencial de la Libertad.

Preguntas de investigación

---

1. ¿Cree que a las mujeres les ha resultado más fácil o más difícil encontrar el éxito que a los hombres en las últimas décadas?
2. ¿Qué es lo que hace que una mujer sea una "mujer inspiradora"?
3. ¿Las mujeres trabajan de forma más inteligente para el futuro? ¿Por qué o por qué no?

Ellen Johnson Sirleaf (nacida en 1938)

La primera jefa de Estado elegida en África

"El tamaño de tus sueños siempre debe superar tu capacidad actual para alcanzarlos. Si tus sueños no te asustan, no son lo suficientemente grandes".

El 16 de enero de 2006, Ellen Johnson Sirleaf prestó juramento como presidenta de Liberia. En su discurso de investidura prometió poner fin a los conflictos civiles y a la corrupción, establecer la unidad y reconstruir las devastadas infraestructuras del país. La victoria de Johnson Sirleaf en las elecciones presidenciales de 2005 convirtió a la "Dama de Hierro" en la primera mujer elegida como jefa de Estado en África.

Nació en Monrovia, Liberia, el 29 de octubre de 1938, de herencia mixta gola y alemana. (Su padre fue el primer indígena liberiano en formar parte de la legislatura nacional). Se educó en el College of West Africa de Monrovia y a los 17 años se casó con James Sirleaf (posteriormente se divorciaron). En 1961, Johnson Sirleaf fue a Estados Unidos a estudiar economía y administración de empresas. Tras obtener un máster en administración pública en la Universidad de Harvard en 1971, entró en el servicio gubernamental en Liberia.

Ellen Johnson Sirleaf fue viceministra de Finanzas (1972-1973) con el Presidente William R. Tolbert y ministra de Finanzas (1980-1985) en la dictadura militar de Samuel K. Doe. Se hizo conocida por su integridad financiera personal y se enfrentó a ambos jefes de Estado. Durante el régimen de Doe fue encarcelada dos veces y evitó por poco la ejecución.

En las elecciones nacionales de 1985, Johnson Sirleaf hizo campaña por un escaño en el Senado mientras criticaba abiertamente al gobierno militar, lo que la llevó a ser detenida y condenada a 10 años de prisión. Fue liberada al poco tiempo y se le permitió salir del país. Durante 12 años de exilio en Kenia y Estados Unidos, se convirtió en una influyente economista del Banco Mundial, Citibank y otras instituciones financieras internacionales. De 1992 a 1997, Ellen Johnson Sirleaf fue directora de la Oficina Regional para África del Programa de las Naciones Unidas para el Desarrollo.

Johnson Sirleaf se presentó a las elecciones de 1997 en representación del Partido de la Unidad (UP). Destacó su experiencia financiera, su no participación en la guerra civil y las cualidades personales de compasión, sacrificio y sabiduría que había desarrollado como madre de cuatro hijos. Johnson Sirleaf quedó en segundo lugar tras Charles Taylor y se vio obligada a exiliarse cuando su gobierno la acusó de traición.

En 1999, Liberia volvió a sumirse en la guerra civil. En 2003 se convenció a Taylor para que se exiliara en Nigeria, y Johnson Sirleaf regresó a Liberia para presidir la Comisión de Buen Gobierno, que supervisó los preparativos de las elecciones democráticas. En la segunda vuelta de las elecciones presidenciales, celebrada el 8 de noviembre de 2005, obtuvo el 59,5% de los votos frente a la leyenda del fútbol retirado George Weah, que rechazó un puesto en su administración, pero que posteriormente emitió una declaración pública de apoyo.

Con más de 15.000 soldados de la ONU en Liberia y un desempleo del 80%, la nueva presidenta se enfrentó a serios retos. En sus primeros 100 días en el cargo, Johnson Sirleaf visitó Nigeria y Estados Unidos para buscar el alivio de la deuda y la ayuda de la comunidad internacional, estableció una Comisión de la Verdad y la Reconciliación para investigar la corrupción y curar las tensiones étnicas, despidió a todo el personal del Ministerio de Finanzas y emitió un programa para la expansión de la educación de las niñas. A finales de 2010 se había borrado toda la deuda de Liberia, y Johnson Sirleaf había conseguido millones de dólares de inversión extranjera en el país.

Johnson Sirleaf fue una de las tres galardonadas, junto con Leymah Gbowee y Tawakkul Karman, con el Premio Nobel de la Paz 2011 por sus esfuerzos en favor de los derechos de la mujer. Más tarde, en 2011, fue reelegida como presidenta de Liberia. El progreso económico continuó durante su segundo mandato hasta que el país se vio afectado por la devastadora enfermedad del virus del ébola en 2014. La enfermedad se cobró la vida de más de 4.800 liberianos y paralizó la economía del país.

Ellen Johnson Sirleaf, a quien la Constitución le impide presentarse a un tercer mandato consecutivo, no se presentó a las elecciones presidenciales de Liberia de 2017. Su compañero de fórmula en las dos elecciones anteriores, el vicepresidente Joseph Boakai, se convirtió en el candidato presidencial de la UP.

Sin embargo, tras la primera ronda de votaciones, Ellen Johnson Sirleaf fue acusada por la UP de haber apoyado a otro candidato presidencial: su anterior oponente, George Weah. Ella negó las acusaciones, pero la UP la expulsó del partido en enero de 2018. Ese mismo mes, el 22 de enero, renunció a la presidencia. Johnson Sirleaf fue sucedida por Weah, que había derrotado ampliamente a Boakai en la segunda vuelta electoral.

Destacados

- Con más de 15.000 soldados de las Naciones Unidas en el país y una tasa de desempleo del 80%, Johnson Sirleaf se enfrentó a graves problemas.
- A finales de 2010, la totalidad de la deuda de Liberia se había borrado y Johnson Sirleaf había conseguido millones de dólares de inversión extranjera en el país.

- Aunque Johnson Sirleaf fue reelegida con algo más del 90% de los votos, su victoria se vio empañada por la retirada de Tubman y la escasa participación de los votantes, que fue menos de la mitad que en la primera vuelta.
- Johnson Sirleaf fue una de las tres galardonadas, junto con Leymah Gbowee y Tawakkul Karmān, con el Premio Nobel de la Paz 2011 por sus esfuerzos en favor de los derechos de la mujer.

Preguntas de investigación

---

1. Escoge una mujer influyente y cuéntanos por qué es importante en tu vida, y quizás su historia.
2. ¿Quiénes son otras intelectuales negras que le han influido?
3. ¿Conoces algún libro o película sobre mujeres negras fuertes e independientes del siglo XX?

Coretta Scott King (1927-2006)

Autor estadounidense y líder del movimiento por los derechos civiles

"No importa lo fuertes que sean tus opiniones. Si no usas tu poder para un cambio positivo, eres, de hecho, parte del problema".

Junto con su marido, Martin Luther King, Jr., Coretta Scott King fue una figura central en el movimiento de derechos civiles de Estados Unidos de las décadas de 1950 y 1960. Tras el asesinato de su marido en 1968, King continuó como líder del movimiento y trabajó para establecer el Centro para el Cambio Social No Violento Martin Luther King, Jr.

Coretta Scott nació el 27 de abril de 1927 en Marion, Ala. Sus padres tenían una granja en la cercana localidad de Heiberger. Durante la Gran

Depresión de los años 30, Coretta y su hermano y hermana recogían algodón para ayudar a mantener a la familia. Asistió a la escuela secundaria en Marion, donde cantó en los recitales escolares.

Coretta Scott siguió estudiando música mientras asistía al Antioch College en Yellow Springs, Ohio. Se licenció en música y educación en Antioch y, en 1951, se matriculó como estudiante becada en el Conservatorio de Música de Nueva Inglaterra, en Boston, tras haber decidido seguir una carrera como cantante profesional.

Durante su estancia en Boston, Coretta Scott conoció a Martin Luther King, Jr. que entonces era estudiante de posgrado de teología en la Universidad de Boston. Se casaron en 1953. En 1954, después de que King terminara su carrera, se trasladaron a Montgomery (Alabama), donde su marido había aceptado el puesto de pastor en la Iglesia Bautista de la Avenida Dexter.

Desde el principio de su matrimonio, Coretta Scott King participó plenamente en las actividades de su marido en favor de los derechos civiles. Participó en el boicot de autobuses de Montgomery en 1955, aunque la primera hija de los King, Yolanda, había nacido sólo dos semanas antes de que comenzara el boicot. A pesar de las exigencias de criar a una familia que llegó a tener cuatro hijos, Coretta Scott King también llevó a cabo sus propios proyectos relacionados con el movimiento de los derechos civiles, incluida una serie de Conciertos por la Libertad que recaudaron fondos para la Conferencia de Liderazgo Cristiano del Sur.

Coretta Scott King mantuvo una apretada agenda como oradora, dirigiéndose a iglesias, asociaciones académicas y grupos activistas. King fue delegada en la Conferencia de Desarme de 1962, celebrada en Ginebra (Suiza), y participó en las manifestaciones de apoyo a la aprobación de la Ley de Derechos Civiles de 1964.

Cuatro días después del asesinato de Martin Luther King en Memphis, el 4 de abril de 1968, Coretta Scott King encabezó una marcha de 50.000 personas por Memphis. Más tarde ocupó el lugar de su marido en la Marcha de los Pobres a Washington. Sin embargo, el proyecto que consumió la mayor parte de su tiempo tras el asesinato de Martin Luther

King fue la creación del Centro Martin Luther King, Jr. para el Cambio Social No Violento, un archivo del movimiento por los derechos civiles y un centro educativo, así como un monumento al líder asesinado. El centro se inauguró en Atlanta en 1968. Coretta Scott King publicó sus memorias, My Life with Martin Luther King, Jr. en 1969.

En 1983 Coretta Scott King fue nombrada presidenta de la Comisión de la Fiesta Federal de Martin Luther King, Jr. y en enero de 1986 presidió la primera celebración de la fiesta federal de Martin Luther King, Jr. Junto con su hijo Dexter, editó The Martin Luther King, Jr: Quotations from the Speeches, Essays, and Books of Martin Luther King, Jr. (1998).

En agosto de 2005, Coretta Scott King sufrió un derrame cerebral y un leve ataque al corazón. Murió el 30 de enero de 2006 en Rosarito, México, donde King había estado recibiendo tratamiento de rehabilitación.

Destacados

- Tras el asesinato del marido de Coretta Scott King en 1968 y la condena de James Earl Ray por el homicidio, ella siguió participando activamente en el movimiento de los derechos civiles.
- Fundó en Atlanta el Centro Martin Luther King, Jr. para el Cambio Social No Violento (comúnmente conocido como el Centro King), que fue dirigido a principios del siglo XXI por su hijo Dexter.
- Coretta Scott King escribió sus memorias, My Life with Martin Luther King, Jr. (1969), y editó, junto con su hijo Dexter, The Martin Luther King, Jr: Quotations from the Speeches, Essays, and Books of Martin Luther King, Jr. (1998).
- En 1969, Coretta Scott King estableció un premio anual Coretta Scott King para honrar a un autor afroamericano de un texto destacado para niños, y en 1979 se añadió un premio similar para honrar a un ilustrador afroamericano destacado.

Preguntas de investigación

---

1. ¿Cuántos hijos tuvo la familia King, cómo se llaman y qué hacen hoy en día?
2. ¿Qué consejo cree que tiene para las mujeres en la sociedad y la profesión actuales?
3. ¿Cuáles cree que son algunos de los logros más notables de estas mujeres negras?

Hattie McDaniel (1895-1952)

La primera actriz afroamericana en ganar un Oscar

"A ustedes, jóvenes, que aspiran a tener éxito en alguna línea de esfuerzo, a pesar de los problemas que muchos de nosotros hemos experimentado, permítanme decirles esto: Todavía hay espacio en la cima".

La actriz y cantante estadounidense Hattie McDaniel se convirtió en la primera afroamericana en recibir un premio de la Academia. Ganó el Oscar a la mejor actriz de reparto en 1939 por su papel de Mammy en la película Lo que el viento se llevó (1939).

Hattie McDaniel nació el 10 de junio de 1895 en Wichita, Kansas, pero se crió en Denver, Colorado. Dejó la escuela en 1910 para convertirse en artista de varios grupos de juglares ambulantes (vodevil). Sin embargo, al comienzo de la Gran Depresión, había poco trabajo disponible, por lo que

McDaniel se puso a trabajar como encargada de los baños en el club nocturno de Sam Pick en Milwaukee, Wisconsin.

Aunque el club nocturno sólo contaba con artistas blancos, algunos clientes oyeron cantar a McDaniel y animaron al propietario a contratarla. Hattie McDaniel actuó allí durante más de un año hasta que se marchó a Los Ángeles, California. Allí McDaniel encontró un pequeño papel en un programa de radio local, The Optimistic Do-Nuts, y poco después se convirtió en la principal atracción del programa.

Hattie McDaniel debutó en el cine en 1932, pero no consiguió su primer papel importante hasta que apareció en Juez Priest (1934), del director John Ford. En esa película cantó a dúo con el humorista Will Rogers. Su papel de criada sureña feliz en El pequeño coronel (1935) la convirtió en una figura controvertida en la comunidad negra liberal, que pretendía acabar con los estereotipos de Hollywood. Cuando se la criticaba por aceptar esos papeles, Hattie McDaniel respondía que prefería hacer de criada en el cine que serlo en la vida real; durante la década de 1930 interpretó el papel de criada o cocinera en casi 40 películas, sobre todo en Lo que el viento se llevó.

Durante la Segunda Guerra Mundial (1939-1945), Hattie McDaniel organizó espectáculos para las tropas negras. Sin embargo, hacia el final de la guerra, los grupos liberales de negros -como la Asociación Nacional para el Avance de las Personas de Color (NAACP)- presionaron a Hollywood para que pusiera fin a los papeles estereotipados en los que McDaniel se había encasillado, por lo que sus oportunidades cinematográficas en Hollywood disminuyeron.

En 1947, Hattie McDaniel se convirtió en la primera afroamericana en protagonizar un programa de radio semanal dirigido al público general, interpretando el papel de una criada en The Beulah Show. En 1951, mientras rodaba una versión televisiva del popular programa, McDaniel sufrió un ataque al corazón. Grabó varios programas de radio en 1952, pero murió de cáncer de mama el 26 de octubre de 1952, en Hollywood, California.

Destacados

- Hattie McDaniel dejó la escuela en 1910 para convertirse en intérprete de varios grupos de juglares ambulantes y más tarde se convirtió en una de las primeras mujeres negras en emitir por la radio estadounidense.
- Actuó en un club durante más de un año hasta que se marchó a Los Ángeles, donde su hermano le encontró un pequeño papel en un programa de radio local, The Optimistic Do-Nuts; conocida como Hi-Hat Hattie, Hattie McDaniel se convirtió en poco tiempo en la principal atracción del programa.
- Dos años después de su debut en el cine, en 1932, Hattie McDaniel consiguió su primer papel importante en Judge Priest (1934), de John Ford, en la que tuvo la oportunidad de cantar a dúo con el humorista Will Rogers.
- El papel de Hattie McDaniel como una feliz sirvienta sureña en El pequeño coronel (1935) la convirtió en una figura controvertida en la comunidad liberal negra, que pretendía acabar con los estereotipos de Hollywood.

Preguntas de investigación

---

1. ¿Con qué mujer negra te hubiera gustado hablar o pedir consejo?
2. ¿Por qué es importante que las mujeres negras construyan otras mujeres fuertes e independientes?
3. ¿Cree que el feminismo es un elemento importante para que la gente de color se mantenga o se sienta cómoda durante esta época?

Fannie Lou Hamer (1917-1977)

Activista estadounidense de los derechos civiles

"Cuando me libero, libero a los demás. Si no hablas, nadie va a hablar por ti. "

La lápida de Fannie Lou Hamer lleva su famosa frase: "Estoy harta de estar harta". La ira de Hamer por la pobreza y el racismo que ella y sus compañeros afroamericanos sufrían la llevó a dedicar su vida a mejorar su situación.

Fannie Lou Hamer nació como Fannie Lou Townsend el 6 de octubre de 1917 en el condado de Montgomery, Mississippi. La más joven de 20 hijos nacidos de padres aparceros, empezó a trabajar en el campo a los 6 años y dejó la escuela en sexto grado para seguir ayudando. Cuando la familia por fin había ahorrado suficiente dinero para dedicarse a la agricultura de forma independiente, un vecino blanco envenenó a sus animales. Su dolor por esta injusticia empezó a despertar su interés por los derechos civiles.

Fannie Lou Hamer asistió a una manifestación organizada por el Comité Coordinador Estudiantil No Violento (SNCC) y la Conferencia de Liderazgo Cristiano del Sur (SCLC) en 1962 y se ofreció como voluntaria para ayudar a los afroamericanos que querían registrarse como votantes. Los estrictos requisitos para los solicitantes y la amenaza de violencia racista desanimaron a muchos negros a la hora de intentar registrarse. Hamer aprobó el examen de alfabetización requerido en su tercer intento, pero sufrió las consecuencias personales: el terrateniente la obligó a abandonar la plantación en la que había vivido y trabajado desde la década de 1940 y más tarde despidió a su marido, Perry, y a sus hijas adoptivas.

Cuando unos amigos acogieron a Fannie Lou Hamer, su casa fue objeto de disparos. Sin inmutarse, se convirtió en trabajadora de campo del SNCC y ayudó a otros a aprender a pasar el examen de alfabetización. Sin embargo, le esperaban más tragedias. Tras un taller sobre derechos civiles en Carolina del Sur, Hamer y un autobús lleno de gente se detuvieron en Winona, Mississippi, para comer.

La terminal tenía la costumbre de servir sólo a blancos, y los posibles comensales fueron detenidos por la policía estatal. Mientras cumplían condena, los guardias blancos obligaron a dos reclusos negros a golpearla con un saco de metal, dejando a Hamer con muchas heridas graves.

Fannie Lou Hamer y otras personas fundaron el Mississippi Freedom Democratic party (MFDP) en 1964, cuando el partido regular del estado excluía a los afroamericanos. Hamer, vicepresidenta del grupo, fue su portavoz en la Convención Nacional Demócrata de Atlantic City (Nueva Jersey).

Fannie Lou Hamer dijo al comité de credenciales de la convención que la delegación de Mississippi no representaba adecuadamente al estado porque a la mayoría de los negros no se les permitía votar y pidió que se sentara la delegación del MFDP de 68 miembros. El comité trató de apaciguarlos ofreciéndoles dos asientos, pero el grupo exigió todo o nada.

Aunque se marcharon sin ser sentados, el acto atrajo la atención nacional y contribuyó a la aprobación de la Ley de Derecho al Voto de 1965.

Fannie Lou Hamer se presentó sin éxito al Congreso de los Estados Unidos en 1964 y al Senado del Estado de Misisipi en 1971, pero sus intentos contribuyeron a allanar el camino para que otros afroamericanos obtuvieran cargos públicos.

A nivel local, Hamer trató de ayudar a sus compatriotas de Mississippi trabajando por la vivienda de bajo coste y las guarderías, estableciendo cooperativas empresariales sin ánimo de lucro y presionando por la desegregación escolar. Sus intereses feministas la llevaron a cofundar el National Women's Political Caucus en 1971; sin embargo, más tarde, a menudo sintió que los miembros blancos no entendían sus preocupaciones.

Fannie Lou Hamer falleció el 14 de marzo de 1977, a causa de complicaciones derivadas del cáncer y otras afecciones médicas. Hamer fue elegida para el Salón Nacional de la Fama de las Mujeres en 1993.

Destacados

- Fannie Lou Hamer, de soltera Townsend, era la menor de 20 hijos, Fannie Lou trabajaba en los campos con sus padres aparceros a la edad de seis años.
- En medio de la pobreza y la explotación racial, sólo recibió una educación de sexto grado.
- Despedida por su intento de registrarse para votar (Fannie Lou Hamer no superó la prueba de alfabetización), se convirtió en secretaria de campo del SNCC; Fannie Lou Hamer finalmente se registró como votante en 1963.
- En 1964, Hamer cofundó y se convirtió en vicepresidente del Mississippi Freedom Democratic Party (MFDP), creado tras los infructuosos intentos de los afroamericanos de trabajar con el Mississippi Democratic Party, totalmente blanco y favorable a la segregación.
- Como miembro del Comité Nacional Demócrata de Misisipi (1968-71) y del Consejo Político del Grupo Nacional de Mujeres Políticas

(1971-77), Hamer se opuso activamente a la guerra de Vietnam y trabajó para mejorar las condiciones económicas de Misisipi.

Preguntas de investigación

---

1. ¿Cuál es su recuerdo favorito de la infancia de su madre?
2. Mujeres en el liderazgo: ¿qué opina del impulso a la igualdad de género?
3. ¿Considera que hay alguna diferencia de trato entre maestros y maestras o profesores en las escuelas o universidades?

Wangari Maathai (1940-2011)

Político y activista medioambiental keniano

"La generación que destruye el medio ambiente no es la que paga el precio. Ese es el problema".

La política y activista medioambiental keniana Wangari Maathai recibió el premio Nobel de la Paz en 2004 por su "enfoque holístico del desarrollo sostenible que abarca la democracia, los derechos humanos y los derechos de la mujer en particular". Maathai se convirtió en la primera mujer africana de raza negra en lograr tal honor.

Wangari Muta Maathai nació el 1 de abril de 1940 en Nyeri, Kenia. Maathai fue a la universidad en Estados Unidos, donde se licenció en biología en el Mount St. Scholastica College (ahora Benedictine College) en 1964 y obtuvo un máster en la Universidad de Pittsburgh en 1966.

En 1971, Wangari Maathai se doctoró en la Universidad de Nairobi, convirtiéndose en la primera mujer de África Oriental o Central en obtener un doctorado. Después de graduarse, comenzó a enseñar en el

Departamento de Anatomía Veterinaria de la Universidad de Nairobi, y en 1977 Maathai se convirtió en directora del departamento.

Wangari Maathai trabajaba con el Consejo Nacional de Mujeres de Kenia cuando empezó a explorar la idea de que las mujeres de las aldeas podían mejorar el medio ambiente plantando árboles. Su objetivo era doble: proporcionar una fuente de combustible a las familias y frenar los procesos de deforestación y desertificación.

En 1977, Wangari Maathai fundó el Movimiento del Cinturón Verde para promover su propósito, y a principios del siglo XXI la organización había plantado unos 30 millones de árboles.

Los miembros de la organización crearon en 1986 la Red Panafricana del Cinturón Verde, dedicada a proporcionar información sobre la conservación y la mejora del medio ambiente a los líderes mundiales. Como resultado del activismo de la organización, se iniciaron movimientos similares en Tanzania, Etiopía, Zimbabue y otros países africanos.

Otros intereses de Wangari Maathai eran los derechos humanos, la prevención del sida y las cuestiones relacionadas con la mujer. A menudo abordó estas cuestiones en las reuniones de la Asamblea General de las Naciones Unidas.

En 2002, Wangari Maathai fue elegida miembro de la Asamblea Nacional de Kenia, y al año siguiente fue nombrada viceministra de Medio Ambiente, Recursos Naturales y Vida Silvestre. Fue autora de varios libros, entre ellos *The Green Belt Movement: Sharing the Approach and the Experience* (1988), que detalla la historia de la organización, y una autobiografía, *Unbowed* (2007).

En *The Challenge for Africa* (2009), Wangari Maathai criticó el liderazgo ineficaz de África e instó a los africanos a resolver sus problemas sin ayuda occidental. Wangari Maathai también colaboró con periódicos internacionales como *Los Angeles Times* y *The Guardian*. Murió el 25 de septiembre de 2011 en Nairobi, Kenia.

Destacados

- El trabajo de Wangari Maathai a menudo se consideraba inoportuno y subversivo en su propio país, donde su franqueza constituía un paso más allá de los roles tradicionales de género.
- En 1971, Maathai se doctoró en la Universidad de Nairobi, convirtiéndose en la primera mujer de África Oriental o Central en obtener un doctorado.
- Mientras trabajaba con el Consejo Nacional de Mujeres de Kenia, Wangari Maathai desarrolló la idea de que las mujeres de las aldeas podían mejorar el medio ambiente plantando árboles para proporcionar una fuente de combustible y frenar los procesos de deforestación y desertificación.
- El Movimiento del Cinturón Verde, organización fundada por Wangari Maathai en 1977, había plantado a principios del siglo XXI unos 30 millones de árboles.
- Cuando Wangari Maathai ganó el Premio Nobel en 2004, el comité elogió su "enfoque holístico del desarrollo sostenible que abarca la democracia, los derechos humanos y los derechos de la mujer en particular".

Preguntas de investigación

---

1. ¿Has ido alguna vez sola a un evento u organización centrada en la mujer?
2. ¿Qué cualidades debe tener una mujer para ser considerada este tipo de persona?
3. ¿Qué mujer admira más y por qué?

Shirley Chisholm (1924-2005)

La primera mujer afroamericana elegida para el Congreso de los Estados Unidos

"No se avanza quedándose al margen, lloriqueando y quejándose. Se avanza poniendo en práctica las ideas".

Shirley Chisholm, la primera mujer negra elegida para el Congreso de los Estados Unidos, sirvió en su distrito natal de Brooklyn, Nueva York, en la Cámara de Representantes desde 1969 hasta 1982. En 1972, Chisholm se presentó como candidata demócrata a la presidencia de Estados Unidos.

Shirley Chisholm nació como Shirley Anita St. Hill en Brooklyn el 30 de noviembre de 1924, pero pasó gran parte de su infancia en la granja de su abuela en Barbados. Regresó a Brooklyn cuando tenía 11 años. Se licenció en sociología en el Brooklyn College en 1946 y obtuvo un máster en educación primaria en 1952 en la Universidad de Columbia. Shirley Chisholm estuvo casada con Conrad Chisholm de 1949 a 1977 y posteriormente con Arthur Hardwick, Jr.

Directora de la guardería Hamilton-Madison de Nueva York de 1953 a 1959, Shirley Chisholm se convirtió en una autoridad reconocida en materia de educación temprana y bienestar infantil. De 1959 a 1964, Chisholm fue consultora educativa en la división de guarderías de la oficina de bienestar infantil de la ciudad de Nueva York. También participó en actividades comunitarias y cívicas, y en 1964 fue instada a presentarse a la Asamblea del Estado de Nueva York. Chisholm, la primera mujer negra de Brooklyn en formar parte de la asamblea, ganó la reelección en 1965 y 1966 y luego se presentó como candidata al Congreso en 1968.

El eslogan de la campaña de Chisholm era "Unbought and Unbossed", que se convirtió en el título de un libro que publicó en 1970. Shirley Chisholm no tardó en ser reconocida como defensora de las causas liberales relacionadas con los derechos de la mujer y con su electorado afroamericano e hispano. Chisholm fue miembro fundador del Congressional Black Caucus y del National Women's Political Caucus. Durante su campaña para la candidatura demócrata a la presidencia, obtuvo 152 delegados antes de retirarse de la elección.

Shirley Chisholm publicó un segundo libro en 1973, The Good Fight. Tras cumplir siete mandatos, Chisholm se retiró del Congreso en 1982. Shirley Chisholm fue profesora en el Mount Holyoke College de South Hadley (Massachusetts) de 1983 a 1987. Murió el 1 de enero de 2005 en Ormond Beach, Florida. Shirley Chisholm recibió a título póstumo la Medalla Presidencial de la Libertad de Estados Unidos en 2015.

Destacados

- Shirley Anita St. Hill era hija de inmigrantes; su padre era de la Guayana Británica (ahora Guyana) y su madre de Barbados. Chisholm creció en Barbados y en su Brooklyn natal, Nueva York, y se graduó en el Brooklyn College (licenciada en 1946).
- Consultora de educación para la división de guarderías de la ciudad de Nueva York, Shirley Chisholm también participó

activamente en grupos comunitarios y políticos, como la Asociación Nacional para el Progreso de las Personas de Color (NAACP) y el Club Democrático de Unidad de su distrito.

- En 1968 Chisholm fue elegida para la Cámara de Representantes de Estados Unidos. En el Congreso se dio a conocer rápidamente como una fuerte liberal que se oponía al desarrollo armamentístico y a la guerra de Vietnam y estaba a favor de las propuestas de pleno empleo.
- Chisholm, fundadora del Caucus Político Nacional de Mujeres, apoyó la Enmienda de Igualdad de Derechos y legalizó el aborto a lo largo de su carrera en el Congreso, que duró de 1969 a 1983.

Preguntas de investigación

---

1. ¿Cuál es la cosa más mala que ha dicho?
2. ¿Por qué cree que había tan pocas mujeres en el Congreso de Estados Unidos cuando ella estaba allí a nivel nacional?
3. ¿Cuál es el mensaje que podemos aprender de ella para avanzar hacia el futuro de las mujeres negras?

Mary McLeod Bethune (1875-1955)

Educadora que abrió una de las primeras escuelas para niñas afroamericanas

"Sin fe nada es posible. Con ella, nada es imposible".

Una pionera de la educación afroamericana en Estados Unidos fue Mary McLeod Bethune. Nacida de padres que habían sido esclavos hasta la Guerra Civil estadounidense, llegó a ser presidenta de su propia universidad. Bajo el mandato del presidente Franklin D. Roosevelt, dirigió la División de Asuntos Negros de la Administración Nacional de la Juventud y fue asesora en asuntos de minorías.

Mary Jane McLeod nació el 10 de julio de 1875 en Mayesville (Carolina del Sur), siendo el primer miembro de su familia en nacer libre. De niña trabajó en los campos de algodón de sus padres. Cuando un misionero afroamericano abrió una pequeña escuela en Mayesville, sólo una persona de la familia pudo librarse de los campos para asistir. La elegida, Mary, pudo continuar su educación en el Seminario Scotia de Concord, N.C., y en el Instituto Bíblico Moody de Chicago, Ill.

De 1895 a 1903, Mary McLeod enseñó en escuelas misioneras para afroamericanos en el Sur. En 1898 se casó con Albert Bethune, un profesor. En 1904 alquiló una choza en Daytona Beach, Florida, y abrió la Escuela de Educación y Formación de Daytona. Su hijo, Albert, era el único niño matriculado.

En dos años tenía 250 alumnos. La mayoría eran chicas, ya que consideraba que las minorías se veían especialmente perjudicadas por la falta de oportunidades de mejora. El colegio tuvo tanto éxito que en 1923 se fusionó con el Instituto Cookman, un colegio masculino cercano, y en 1929 el colegio pasó a llamarse Bethune-Cookman College. Sus esfuerzos por mejorar las relaciones raciales y la educación de las minorías le valieron la medalla Spingarn en 1935.

Bethune recibió muchos títulos honoríficos. Fue miembro de organizaciones como la Liga Urbana, la Asociación Nacional para el Progreso de las Personas de Color y el Consejo Nacional de Mujeres Negras, que fundó en 1935. Después de trabajar con Roosevelt de 1936 a 1943, fue asistente especial del secretario de guerra durante la Segunda Guerra Mundial. Murió el 18 de mayo de 1955 en Daytona Beach.

Destacados

- En 1904 Bethune se trasladó a la costa este de Florida, donde había crecido una gran población afroamericana en la época de la construcción del Ferrocarril de la Costa Este de Florida, y en Daytona Beach, en octubre, abrió una escuela propia, el Instituto Normal e Industrial de Daytona para Niñas Negras.
- En 1923 la escuela se fusionó con el Instituto Cookman para Hombres, entonces en Jacksonville, Florida, para formar lo que se

conoció a partir de 1929 como Bethune-Cookman College en Daytona Beach.

- En 1935 fundó el National Council of Negro Women, del que fue presidenta hasta 1949, y fue vicepresidenta de la National Association for the Advancement of Colored People de 1940 a 1955.
- Fue asesora de Roosevelt en asuntos de minorías y ayudó al secretario de guerra a seleccionar candidatas a oficiales para el Cuerpo Femenino del Ejército de Estados Unidos (WAC).

Preguntas de investigación

---

1. ¿Quién es su mujer negra humorística favorita del siglo XX?
2. ¿Por qué necesitamos más representación en los medios de comunicación de mujeres negras que compartan historias y cultura?
3. ¿Qué consejo daría a otras mujeres (negras) para que hagan oír su voz en nuestra sociedad actual?
4. ¿Qué consejos pueden darnos estas fuertes mujeres negras para vivir mejor?

Toni Morrison (1931-2019)

Autor afroamericano

"Liberarse era una cosa, reclamar la propiedad de ese yo liberado era otra".

Toni Morrison destacó por su examen de la experiencia afroamericana -en particular la femenina- dentro de la comunidad negra. Su uso de la fantasía, su intrincado estilo poético y su rico entrelazamiento de lo mítico dieron a sus historias gran fuerza y textura. En 1993 Morrison recibió el Premio Nobel de Literatura.

Toni Morrison nació como Chloe Anthony Wofford el 18 de febrero de 1931 en Lorain, Ohio. Creció en el seno de una familia pobre, pero se graduó en la Universidad Howard de Washington, D.C., en 1953, y obtuvo un máster en inglés en la Universidad Cornell de Ithaca, Nueva York, en 1955. Tras varios años como profesora de inglés, Toni Morrison se convirtió en editora y escribió en su tiempo libre.

La primera novela de Toni Morrison, *The Bluest Eye* (1970), era una crítica a la vida de la clase media negra y a la intolerancia humana. Con la publicación en 1977 de *Song of Solomon (Canción de Salomón),* protagonizada por un narrador masculino en busca de su identidad, Morrison recibió elogios populares y de la crítica. *Tar Baby* (1981), ambientada en una isla del Caribe, explora los conflictos de raza, clase y sexo. *Beloved* ganó el Premio Pulitzer de ficción en 1988. Se basa en la historia real de una esclava fugitiva que, a punto de ser recapturada, mata a su hija pequeña para evitarle una vida de esclavitud.

Entre las obras posteriores de Toni Morrison se encuentran *A Mercy* (2008), que trata sobre la esclavitud en la América del siglo XVII, y *Home* (2012), sobre un veterano de la Guerra de Corea traumatizado que se encuentra con el racismo tras volver a casa y que más tarde supera la apatía para rescatar a su hermana. *God Help the Child (2015)* examina las consecuencias del abuso y el abandono infantil a través de la historia de Bride, una niña negra de piel oscura que nace de padres de piel clara.

Además de sus novelas, Toni Morrison publicó una obra de crítica, *Playing in the Dark: Whiteness and the Literary Imagination*, en 1992. Muchos de sus ensayos y discursos fueron recogidos en *What Moves at the Margin: Selected Nonfiction* (editado por Carolyn C. Denard), publicado en 2008.

Además, Toni Morrison publicó varios libros infantiles, entre ellos *¿Quién tiene juego?: La hormiga o el saltamontes?* y *¿Quién tiene juego?: El león o el ratón?* ambos escritos con su hijo y publicados en 2003. *Remember* (2004), también dirigido a los niños, utiliza fotografías de archivo para relatar las dificultades de los estudiantes negros durante la integración del sistema escolar público estadounidense. Escribió el libreto de *Margaret Garner (2005)*, una ópera sobre la misma historia que inspiró *Beloved*.

En 2010 Toni Morrison fue nombrada oficial de la Legión de Honor francesa. Dos años más tarde fue galardonada con la Medalla Presidencial de la Libertad de Estados Unidos. *Toni Morrison: The Pieces I Am* (2019) es un documental sobre su vida y su carrera. Murió el 5 de agosto de 2019 en Nueva York.

Destacados

- Toni Morrison, cuyo nombre original es Chloe Anthony Wofford, creció en el Medio Oeste estadounidense en el seno de una familia que sentía un intenso amor y aprecio por la cultura negra. Recibió el Premio Nobel de Literatura en 1993.
- Muchos de los ensayos y discursos de Morrison fueron recogidos en What Moves at the Margin: Selected Nonfiction (2008; editado por Carolyn C. Denard) y The Source of Self-Regard: Selected Essays, Speeches, and Meditations (2019).
- Junto con su hijo, Slade Morrison, escribió varios libros infantiles, como la serie Who's Got Game, The Book About Mean People (2002) y Please, Louise (2014).
- Toni Morrison escribió Remember (2004), que narra las dificultades de los estudiantes negros durante la integración del sistema escolar público estadounidense; dirigida a los niños, utiliza fotografías de archivo yuxtapuestas con leyendas que especulan sobre los pensamientos de sus sujetos.

Preguntas de investigación

---

1. ¿Ha surgido alguna vez el tema del sexismo o la discriminación en tu experiencia escolar y, si es así, qué hiciste al respecto?
2. ¿Cómo crees que debe definirse ser "fuerte" en función de tus creencias u opiniones personales sobre el feminismo y la igualdad en el mundo?
3. ¿Quiénes son algunas de las mujeres más inspiradoras, influyentes y empoderadas que me vienen a la mente durante el periodo de tiempo de este libro?

Diane Abbott (nacida en 1953)

La primera mujer negra elegida para el Parlamento británico

"No se puede defender lo indefendible: cualquier cosa que se diga suena a autocomplacencia e hipocresía".

La política británica Diane Abbott fue la primera mujer afrodescendiente en ganar la elección a la Cámara de los Comunes.

Diane Julie Abbott nació el 27 de septiembre de 1953 en Londres, Inglaterra. Sus padres, originarios de Jamaica, habían emigrado al Reino Unido dos años antes. Abbott estudió en la Universidad de Cambridge y se licenció en Historia en 1973. Durante varios años trabajó como funcionaria en el Ministerio del Interior, el departamento gubernamental responsable de la lucha contra la delincuencia, la prevención del terrorismo y la regulación de la inmigración. También trabajó como reportera de televisión y como jefa de prensa del Greater London Council y del Lambeth Borough Council.

Miembro del Partido Laborista, Abbott ganó la elección al Consejo Municipal de Westminster en 1982. Cinco años después, consiguió la candidatura del Partido Laborista para la circunscripción londinense de Hackney North y Stoke Newington en la Cámara de los Comunes. Ganó fácilmente el escaño, convirtiéndose en la primera diputada negra del país y, junto con Bernie Grant y Paul Boateng, en uno de los primeros miembros de la Cámara de los Comunes de ascendencia africana.

Como diputada, Abbott fue muy activa en cuestiones de raza, libertades civiles y derechos humanos. Fue especialmente conocida por oponerse a los esfuerzos por ampliar el tiempo de detención de los sospechosos de terrorismo sin cargos. Su labor en esta materia fue reconocida por las organizaciones JUSTICE, Liberty y la Law Society, que le otorgaron conjuntamente un premio especial de derechos humanos en 2008. Tras las elecciones generales británicas de 2010, en las que el Partido Laborista perdió la mayoría, Abbott se presentó sin éxito como candidata a liderar el partido. Más tarde, en 2010, fue nombrada ministra de Sanidad en la sombra del Partido Laborista. (Un ministro en la sombra es un miembro del partido de la oposición que actúa como portavoz de ese partido en determinadas cuestiones y que vigila de cerca las acciones del ministro correspondiente en el gobierno ejecutivo).

A pesar de los malos resultados de los laboristas en las elecciones generales de 2015, Diane Abbott conservó su escaño en la Cámara de los Comunes. Pasó a ser secretaria de Estado en la sombra para el desarrollo internacional en 2015-2016 antes de convertirse en secretaria de Estado en la sombra para la salud pública en junio de 2016. Cuando el líder laborista Jeremy Corbyn remodeló su gabinete en la sombra en octubre, Abbott fue elevada al puesto de secretaria de Interior en la sombra. Diane Abbott fue reelegida en su escaño en la Cámara de los Comunes en las elecciones generales de 2017.

Destacados

- Los padres de Diane Abbott, originarios de Jamaica, emigraron al Reino Unido a principios de la década de 1950.
- Como miembro del Partido Laborista, Diane Abbott fue jefa de prensa del Greater London Council y del Lambeth Borough

Council, y participó activamente en cuestiones de raza y libertades civiles.

- Diane Abbott se convirtió en la primera diputada negra del país y, junto con Bernie Grant y Paul Boateng, en uno de los primeros miembros de la Cámara de los Comunes de ascendencia africana.
- Sin pelos en la lengua en muchas cuestiones, Abbott ocupó una posición de centro izquierda en el Partido Laborista durante la década de 1990, cuando el programa de reforma ("modernización") de Tony Blair abandonó muchas de las políticas socialistas tradicionales del partido.
- Diane Abbott fue reelegida en su escaño en la Cámara de los Comunes en las elecciones generales anticipadas de junio de 2017.

Preguntas de investigación

---

1. ¿Cómo podría afectar esta historia a los niños y adolescentes afroamericanos?
2. ¿Hay figuras femeninas negras con las que le interesaría compararse?
3. ¿Cuáles son las cosas que pueden ayudar a empoderar a nuestra comunidad actual como estas mujeres negras hicieron con la suya?

Ida B. Wells-Barnett (1862-1931)

Periodista afroamericano y defensor de los derechos civiles

"Es extremadamente duro seguir con mis objetivos, pero sentí la responsabilidad de mostrar al mundo lo que los afroamericanos están afrontando en esta mala racha".

Ida Bell Wells-Barnett lideró una cruzada contra el linchamiento en Estados Unidos en la década de 1890. El linchamiento es una forma de violencia en la que una turba pretende administrar justicia sin un juicio y ejecuta a un supuesto delincuente. Wells-Barnett utilizó tanto los periódicos como las conferencias para hacer llegar su mensaje. Wells era militante en su exigencia de justicia para los afroamericanos y en su insistencia en que ésta debía ganarse con su propio esfuerzo.

Ida Bell Wells nació el 16 de julio de 1862 en Holly Springs, Mississippi. Sus padres eran esclavos. Fue educada en la Universidad de Shaw (ahora Rust College), una escuela para negros liberados en Holly Springs. En 1878 sus padres murieron durante un brote de fiebre amarilla. Wells comenzó a dar clases en una escuela rural para poder mantener a sus hermanos y hermanas. Después de trasladar a su familia a Memphis, Tennessee, en 1884, Wells siguió enseñando.

Wells también asistió a la Universidad de Fisk en Nashville, Tennessee, durante varias sesiones de verano. Mientras viajaba en tren a Nashville ese año, un revisor la obligó a abandonar un vagón "sólo para blancos". Wells interpuso una demanda contra la compañía ferroviaria y recibió 500 dólares. Sin embargo, en 1887 el Tribunal Supremo de Tennessee anuló la decisión del tribunal inferior.

Mientras tanto, junto con la enseñanza, Wells comenzó a escribir artículos periodísticos sobre política y raza en el Sur. Criticaba la discriminación que sufrían los afroamericanos. Como sus artículos causaban controversia y generalmente enfurecían a los blancos, escribía con el seudónimo de Iola. Llegó a ser copropietaria del periódico Memphis Free Speech and Headlight.

Wells siguió centrando sus escritos en las injusticias raciales que veía. Sus años de docencia en el sistema escolar público del Sur le mostraron que los niños afroamericanos no eran tratados tan bien como los blancos. Con el tiempo, empezó a escribir artículos en los que criticaba las prácticas educativas injustas. Como resultado, en 1891 el consejo escolar se negó a renovar su contrato de enseñanza.

En 1892, después de que una turba de Memphis linchara a tres de sus amigos, Wells inició una campaña editorial contra los linchamientos.

Investigó varios linchamientos en la zona e informó de sus hallazgos. Wells llegó a la conclusión de que los linchamientos no se llevaban a cabo para castigar a los delincuentes, como afirmaban los miembros de la turba, sino para controlar a los afroamericanos y mantener a los blancos en una posición de superioridad sobre ellos.

Wells utilizó sus editoriales para instar a los afroamericanos a boicotear los negocios de Memphis y a trasladarse al Oeste. Su trabajo enfureció a muchos blancos. Mientras viajaba a Nueva York, una turba saqueó las oficinas de Memphis Free Speech. Destruyeron la imprenta y quemaron el edificio. Se quedó en Nueva York, donde Wells continuó su cruzada contra el linchamiento.

Durante su estancia en Nueva York, Wells escribió artículos sobre los linchamientos para el New York Age. También comenzó a dar conferencias sobre el tema y a organizar sociedades contra el linchamiento. Wells viajó a muchas ciudades importantes de Estados Unidos, incluida Filadelfia, Pensilvania, para dar conferencias. En 1893 visitó Gran Bretaña para difundir su mensaje. Su éxito allí le dio un escenario mundial en el que publicitar los males del linchamiento. Wells fue invitada de nuevo a Gran Bretaña para una segunda gira de conferencias. En 1895 publicó el folleto The Red Record. Es una mirada detallada al linchamiento.

Cuando Wells regresó a Estados Unidos en 1893, se trasladó a Chicago, Illinois. Ese año se celebraba allí la Exposición Universal Colombina. Protestó porque la feria excluía a los afroamericanos tanto de las exposiciones como de los trabajos. Junto con el líder de los derechos civiles Frederick Douglass y Ferdinand L. Barnett, abogado, editor y funcionario público de Chicago, Wells publicó el panfleto The Reason Why the Colored American Is Not in the World's Columbian Exhibition (1893).

También empezó a colaborar con el Chicago Conservator de Barnett. Barnett había fundado el periódico en 1878. Fue el primer periódico afroamericano de Chicago y el segundo de Illinois. Con sólo cuatro páginas, el popular periódico hablaba de la raza, la política y la comunidad.

En 1895 Wells se casó con Barnett y adoptó el nombre de Wells-Barnett. Ese mismo año compró el Chicago Conservator a Barnett y fue su editora durante un tiempo. Aunque la pareja formó una familia, Wells-Barnett siguió dando conferencias y escribiendo sobre temas de derechos civiles.

Durante su carrera, Wells-Barnett abrazó el movimiento de los clubes femeninos, animando a las mujeres a unirse a clubes administrados y controlados por mujeres. Creía que esas organizaciones eran un medio para que las mujeres se educaran mejor y mejoraran la sociedad a través del servicio a la comunidad. Así, Wells-Barnett ayudó a organizar a las mujeres afroamericanas locales en diversas causas, desde la campaña contra el linchamiento hasta el movimiento por el sufragio.

Wells-Barnett cofundó en 1913 el Alpha Suffrage Club de Chicago, que puede haber sido el primer grupo de sufragio de mujeres negras. Después de que las mujeres de Illinois obtuvieran un derecho de voto parcial, la organización se centró en aprovechar el poder de voto de los afroamericanos. En 1915, el grupo contribuyó a la elección del primer concejal negro de Chicago.

De 1898 a 1902, Wells-Barnett fue secretaria del Consejo Nacional Afroamericano. En 1909 participó en la reunión del Movimiento Niágara y en la posterior fundación de la Asociación Nacional para el Progreso de las Personas de Color (NAACP). Fue miembro del comité ejecutivo de la NAACP.

Sin embargo, Wells-Barnett se desengañó de los dirigentes blancos y de la élite negra y abandonó la organización. En 1910 fundó y se convirtió en la primera presidenta de la Negro Fellowship League, que ayudaba a los inmigrantes recién llegados del Sur. De 1913 a 1916, Wells-Barnett trabajó como funcionaria de libertad condicional del tribunal municipal de Chicago. Murió el 25 de marzo de 1931 en Chicago. Su autobiografía, Crusade for Justice, se publicó póstumamente en 1970.

Destacados

- Ida Wells nació en la esclavitud y se educó en la Universidad de Rust, una escuela para libertos en su Holly Springs natal,

Mississippi, y a los 14 años comenzó a dar clases en una escuela rural.

- En 1887, el Tribunal Supremo de Tennessee, revocando una decisión del Tribunal de Circuito, falló en contra de Wells en una demanda que había presentado contra el ferrocarril Chesapeake & Ohio por haber sido retirada a la fuerza de su asiento después de que se negara a cederlo por uno en un vagón "sólo para personas de color".
- Utilizando el seudónimo Iola, Wells también escribió en 1891 algunos artículos periodísticos en los que criticaba la educación disponible para los niños afroamericanos.
- En 1892, después de que tres amigos suyos fueran linchados por una turba, Wells inició una campaña editorial contra los linchamientos que rápidamente llevó al saqueo de la oficina de su periódico.

Preguntas de investigación

---

1. ¿Cuáles son algunas de las cualidades que definen a las mujeres negras influyentes a sus ojos?
2. ¿Por qué cree que las mujeres negras pueden tener tanta confianza en sí mismas y no tener miedo a la adversidad?
3. ¿Cuál es uno de los momentos de su vida en el que se sintió sin miedo?

Shonda Rhimes (nacida en 1970)

Escritor y productor afroamericano

"La felicidad viene de vivir como necesitas, como quieres. Como te dice tu voz interior. La felicidad viene de ser quien realmente eres en lugar de quien crees que debes ser".

Shonda Rhimes es conocida por haber creado varias series de televisión populares a principios del siglo XXI. Entre sus programas se encuentran Anatomía de Grey, que comenzó en 2005, y Scandal, que se emitió de 2012 a 2018. Con Anatomía de Grey, se convirtió en la primera mujer afroamericana en crear y ser productora ejecutiva de una serie de televisión de primera línea en una cadena de televisión.

Shonda Lynn Rhimes nació el 13 de enero de 1970 en Chicago, Illinois. Se graduó en el Dartmouth College de New Hampshire en 1991. En un principio, Rhimes quería escribir novelas, pero finalmente asistió a la escuela de cine de la Universidad del Sur de California. En 1998 escribió y dirigió el cortometraje Blossoms and Veils. Al año siguiente escribió el telefilme de HBO Introducing Dorothy Dandridge. La película estaba protagonizada por Halle Berry en el papel de Dandridge, la primera mujer negra nominada al Oscar a la mejor actriz. A continuación, Rhimes escribió el guión del largometraje Crossroads (2002), protagonizado por la cantante de pop Britney Spears. En 2004 Rhimes escribió The Princess Diaries 2: Royal Engagement (2004), una comedia romántica protagonizada por Anne Hathaway y Julie Andrews.

Posteriormente, Rhimes se centró en la televisión. Su primera serie fue un programa sobre corresponsales de guerra, pero sólo se realizó el episodio piloto. Su éxito llegó con la creación de Anatomía de Grey. El drama se centra en la vida profesional y personal de los cirujanos. Se estrenó en 2005 y fue un éxito inmediato. La serie se ganó la atención por su diverso reparto, sus fuertes personajes femeninos y sus relaciones interraciales. En 2007 Rhimes creó Private Practice, una serie derivada de Grey's Anatomy que se emitió hasta 2013. Otro spin-off, Station 19, se estrenó en 2018. Ambas series fueron producidas por ShondaLand, la productora que Rhimes había creado en 2005.

En 2012 Rhimes estrenó la serie de televisión Scandal. El drama estaba protagonizado por Kerry Washington en el papel de una arregladora política de Washington D.C. que tiene una aventura con el presidente. Con sus trepidantes tramas, la serie fue otro éxito. También marcó la primera vez en unas cuatro décadas que un drama de la red presentaba a una mujer afroamericana en el papel principal. Scandal terminó en 2018. ShondaLand también tuvo un éxito con el drama legal How to Get Away with Murder, que se estrenó en 2014 y fue protagonizado por Viola Davis. El éxito de estas series ayudó a convertir a Rhimes en una de las personas más poderosas de la televisión. Sus programas posteriores incluyen The Catch (2016-17), sobre una investigadora. Still Star-Crossed (2017) era un drama de inspiración shakesperiana ambientado tras la muerte de Romeo y Julieta.

En 2015 Rhimes publicó un libro de autoayuda. Se titulaba Year of Yes: How to Dance It Out, Stand in the Sun, and Be Your Own Person.

Destacados

- Tras graduarse en Dartmouth en 1991, Shonda Rhimes soñaba inicialmente con convertirse en novelista, pero finalmente asistió a la escuela de cine de la Universidad del Sur de California.
- En 1999, Shonda Rhimes escribió la película para televisión de la HBO Introducing Dorothy Dandridge, protagonizada por Halle Berry en el papel de la cantante y actriz que fue la primera mujer negra en ser nominada al Oscar a la mejor actriz.
- Shonda Rhimes escribió después los guiones de los largometrajes Crossroads (2002), un vehículo para la cantante de pop Britney Spears, y The Princess Diaries 2: Royal Engagement (2004), una comedia romántica protagonizada por Anne Hathaway y Julie Andrews.
- Su avance llegó cuando creó Anatomía de Grey.

Preguntas de investigación

---

1. ¿Cuál es su programa favorito de televisión dirigido por mujeres negras?
2. ¿En qué mujer negra famosa se ha inspirado últimamente y por qué?
3. ¿Qué aspecto tenía o podría tener el feminismo para una estudiante negra en Nueva Zelanda en comparación con el de Estados Unidos?

Venus Williams (nacida en 1980)

Tenista afroamericano

"Tienes que creer en ti mismo cuando nadie más lo hace eso es lo que te hace un ganador"

La tenista estadounidense Venus Williams se caracteriza por su agresiva voluntad de ganar y por su gran juego. A los 17 años, la jugadora, relativamente desconocida, se convirtió en la primera afroamericana en llegar a la final individual femenina del Abierto de Estados Unidos desde que Althea Gibson se alzara con el título en 1958. Cuando Williams ganó el título individual de Wimbledon en 2000, también fue la primera mujer afroamericana en hacerlo desde que Gibson lo ganara en 1958. Williams se convirtió en la mejor tenista del mundo en 2002.

Venus Ebony Starr Williams nació el 17 de junio de 1980 en Lynwood, California. Se inició en el tenis cuando era sólo una niña, y se interesó por el juego en las canchas públicas de su ciudad natal, Compton (California), un suburbio de Los Ángeles plagado de bandas y delitos violentos.

Venus Williams y su hermana Serena fueron entrenadas casi exclusivamente por sus padres, ninguno de los cuales tenía una formación formal en tenis. En 1991 la familia se trasladó a Fort Lauderdale, Florida, donde Rick Macci, el entrenador profesional que desarrolló el juego de Jennifer Capriati, entrenó a las hermanas.

Dirigida por su padre, Venus Williams dejó la competición junior a los 11 años para concentrarse en los estudios. Mientras que la mayoría de las jugadoras jóvenes están bien curtidas en la competición junior cuando entran en los torneos profesionales, Williams entró en el circuito profesional en 1994, a los 14 años, con relativamente poca experiencia en el juego de partidos.

Los padres de Venus Williams le inculcaron un gran sentido de la confianza en sí misma, que se convirtió en una voluntad imperturbable de ganar. Como era una jugadora excepcionalmente alta, tenía que doblar mucho las rodillas para devolver los golpes de su rival. Su potente saque se ha medido a más de 100 millas (160 kilómetros) por hora.

Venus Williams entró en el Abierto de Estados Unidos de 1997 en el puesto 66 de la Asociación de Tenis Femenino (WTA). Williams fue la primera mujer no sembrada que llegaba a una final de individuales del Abierto de Estados Unidos desde que comenzó la era abierta en 1968 y la primera mujer que llegaba a una final del Abierto de Estados Unidos en su debut desde que Pam Shriver llegó a la final en 1978 a la edad de 16 años. Perdió en la final contra la primera cabeza de serie, Martina Hingis, de 16 años, pero la clasificación de Williams en la WTA mejoró hasta el número 27.

En marzo de 1998, Venus Williams se hizo con su primer título individual profesional en el IGA Tennis Classic. Ese mismo mes derrotó a Hingis, la mejor clasificada, en las semifinales y luego a Anna Kournikova en la final para hacerse con el Campeonato Lipton, dotado con 1,9 millones de dólares, convirtiéndose en la primera mujer nacida en Estados Unidos que ganaba el torneo desde que lo hiciera Chris Evert en 1986. Tras la victoria de Venus Williams, se situó en el puesto número 10.

Después de que Serena entrara en el circuito profesional, las carreras individuales de las hermanas las enfrentaron a menudo. Aunque Serena fue la primera de la pareja en ganar un título individual de Grand Slam, en el Abierto de Estados Unidos de 1999, Venus le siguió con una victoria en Wimbledon en 2000. Derrotó a Serena en las semifinales y a Lindsay Davenport en la final, ambas en sets corridos. En el Abierto de Estados Unidos de ese año, Venus se impuso a Hingis, primera clasificada, y a Davenport, segunda, para hacerse con el título. En 2001 ganó su segundo Wimbledon y el Abierto de Estados Unidos.

Venus Williams terminó las temporadas de 2000 y 2001 como tercera del mundo. En febrero de 2002 se convirtió en la décima mujer de la historia en ocupar el número uno. Ese mismo año, Serena la derrotó en la ronda final del Abierto de Francia, Wimbledon y el Abierto de Estados Unidos, y la superó en la clasificación mundial.

Venus Williams volvió a ganar Wimbledon en 2005, 2007 y 2008. En 2017 llegó a la final del Abierto de Australia, donde perdió en sets corridos ante Serena. A los 36 años, Venus fue la finalista de singles del Abierto de Australia de mayor edad de la era abierta.

Las hermanas Williams también jugaron juntas los torneos de dobles, consiguiendo títulos en los cuatro eventos del Grand Slam: el Abierto de Estados Unidos (1999 y 2009), el Abierto de Francia (1999 y 2010), Wimbledon (2000, 2002, 2008, 2009 y 2012) y el Abierto de Australia (2001, 2003, 2009 y 2010). En los Juegos Olímpicos de 2000, celebrados en Sídney (Australia), las hermanas ganaron la medalla de oro en la competición de dobles, y Venus se llevó el oro en individuales. Las hermanas también ganaron la medalla de oro en dobles en los Juegos Olímpicos de 2008 en Pekín (China) y en los de 2012 en Londres (Inglaterra).

Destacados

- Al igual que su hermana Serena, Venus se inició en el tenis en las pistas públicas de Los Ángeles de la mano de su padre, que pronto reconoció su talento y supervisó su desarrollo.
- Venus Williams se hizo profesional en 1994 y pronto llamó la atención por sus potentes saques y golpes de fondo.
- En 2000, Williams ganó Wimbledon y el Abierto de Estados Unidos, y defendió con éxito sus títulos en 2001.
- En los Juegos Olímpicos de 2000, en Sidney, se hizo con la medalla de oro en la competición individual y consiguió una medalla de oro con su hermana en la prueba de dobles.
- En 2008, Venus Williams derrotó a Serena para conseguir el quinto título de Wimbledon de su carrera, lo que la situó en el quinto puesto de todos los tiempos en los campeonatos femeninos individuales de Wimbledon.

Preguntas de investigación

---

1. ¿Cuál es el momento más humilde de su vida?
2. ¿Qué significan estas mujeres para usted y su identidad?
3. ¿Qué es lo más interesante que sabe de estas mujeres y que no conoce mucha gente?
4. ¿Hay algún momento en el que haya sentido algo similar a lo que podría haber sentido una mujer negra influyente en su vida, ya sea históricamente o ahora mismo en su propia vida?

Phylicia Rashad (nacida en 1948)

La primera actriz afroamericana en ganar un premio Tony a la mejor actriz

"Siempre hay algo que sugiere que nunca serás quien querías ser. Tu elección es aceptarlo o seguir adelante".

Phylicia Rashad ganó el premio en 2004 por su actuación en la obra A Raisin in the Sun. Rashad ya se había hecho famosa por su trabajo en la serie de televisión The Cosby Show (1984-1992).

Nació como Phylicia Ayers Allen el 19 de junio de 1948 en Houston, Texas. Phylicia Allen era la segunda de los cuatro hijos de Vivian Ayers Allen, poeta nominada al Premio Pulitzer, y Andrew Arthur Allen, dentista. Su hermano mayor, Andrew Arthur ("Tex") Allen, Jr., llegó a ser músico de jazz, y su hermana, Debbie Allen, fue bailarina, actriz y productora y directora de televisión.

Phylicia Allen se graduó en la Universidad Howard de Washington, D.C., en 1970, con una licenciatura en teatro. Poco después encontró trabajo en la Negro Ensemble Company de Nueva York. Hizo su primera aparición en Broadway en 1972. Tuvo papeles menores en los exitosos musicales The Wiz (1975) y Dreamgirls (1981) antes de pasar a la televisión.

En 1982, Allen consiguió un papel regular en la telenovela One Life to Live. Dos años después, el cómico Bill Cosby la eligió para el papel de su esposa, la abogada Clair Huxtable, en la innovadora comedia de situación The Cosby Show. Tras casarse con el locutor deportivo Ahmad Rashad en 1985, empezó a utilizar su apellido profesionalmente (la pareja se divorció en 2001). Su papel de Clair -graciosa pero firme, digna pero devota- se convirtió en uno de los más importantes para Rashad y le valió dos nominaciones a los premios Emmy. Phylicia Rashad también interpretó a la esposa de Cosby en la serie Cosby (1996-2000).

Durante la década de 1990 y principios de la de 2000, Phylicia Rashad volvió a los escenarios mientras seguía trabajando de forma constante en la televisión. Fue aclamada por la crítica por su interpretación de la tía Ester en Gem of the Ocean (2003), de August Wilson, en producciones en Los Ángeles y en Broadway. En 2004, Rashad interpretó a Lena Younger, la matriarca de una familia afroamericana con dificultades en el Chicago de los años 50, en la obra de Lorraine Hansberry Una pasa al sol. Por esa interpretación ganó, además del premio Tony a la mejor actriz, el premio Drama Desk 2004.

Phylicia Rashad protagonizó posteriormente una adaptación televisiva (2008) de la obra. En 2007, Rashad debutó como directora al frente de la producción de Gem of the Ocean del Seattle Repertory Theatre. Al año siguiente, volvió a hacer historia en Broadway cuando se estrenó La gata sobre el tejado de zinc caliente, de Tennessee Williams, con su primer reparto exclusivamente negro. Junto con su coprotagonista, James Earl

Jones, Rashad fue la protagonista de la producción e interpretó el papel de Big Mama. En 2009, Phylicia Rashad interpretó a una matriarca drogadicta en la producción de Broadway de August: Osage County, de Tracy Letts.

Phylicia Rashad ha actuado ocasionalmente en películas. En 2010 actuó en la comedia romántica Just Wright y en el cuento sobre la enfermedad mental Frankie & Alice. Ese año, Rashad también actuó en el drama conjunto For Colored Girls, la adaptación cinematográfica de Tyler Perry de la obra teatral de Ntozake Shange de 1975 For Colored Girls Who Have Considered Suicide/When the Rainbow Is Enuf.

Phylicia Rashad apareció más tarde en el drama romántico de Perry Good Deeds (2012) y en una adaptación televisiva (2012) de la obra teatral Magnolias de acero. Al igual que con La gata sobre el tejado de zinc, esta última obra contó con un reparto predominantemente negro, en contraste con sus producciones originales en teatro y cine.

En 2013 Phylicia Rashad volvió a las series de televisión con Do No Harm. En esa serie interpretó a la jefa de un cirujano aquejado de un trastorno de personalidad similar al de Jekyll y Hyde. Interpretó a la viuda del amigo del boxeador Rocky Balboa (y antiguo oponente) Apollo Creed en la secuela de la película de Rocky, Creed (2015).

Destacados

- Su papel de Clair -gracioso pero firme, digno pero devoto- se convirtió en uno de los que definen a Phylicia Rashad y le valió dos nominaciones a los premios Emmy.
- Durante los años 90 y principios de los 2000, volvió a los escenarios mientras seguía trabajando de forma constante en la televisión.
- La interpretación de Rashad de la semimítica tía Ester en Gem of the Ocean (2003), de August Wilson, en producciones en Los Ángeles y en Broadway, recibió entusiastas elogios.
- Phylicia Rashad tuvo después papeles recurrentes en Empire y This Is Us; su trabajo en esta última serie le valió dos nominaciones a los Emmy.

Preguntas de investigación

1. ¿Quién cree que será la próxima gran revelación en el mundo de la música y la televisión que sea mujer y forme parte de un grupo minoritario?
2. ¿Qué piensa personalmente de las mujeres negras y otras personas de color que han tenido que luchar contra la discriminación toda su vida?
3. ¿Cuál es su opinión sobre las mujeres negras que son fuertes e independientes?

Zora Neale Hurston (1891-1960)

Escritor, folclorista y antropólogo afroamericano

"Si guardas silencio sobre tu dolor, te matarán y dirán que lo disfrutaste".

Zora Neale Hurston celebró la cultura afroamericana del sur rural. Escribió varias novelas, así como libros de mitología, leyendas y folclore negro.

Zora Neale Hurston nació el 7 de enero de 1891 en Notasulga, Ala. Aunque afirmó haber nacido en 1901 en Eatonville, Florida, se trasladó con su familia a Eatonville sólo cuando era pequeña. A los 16 años se unió a una compañía de teatro itinerante y acabó en Nueva York durante el Renacimiento de Harlem.

Zora Neale Hurston asistió a la Universidad de Howard de 1921 a 1924 y en 1925 obtuvo una beca para el Barnard College, donde estudió antropología con Franz Boas. Se graduó en Barnard en 1928 y durante dos años realizó estudios de posgrado en antropología en la Universidad de Columbia. Hurston también realizó estudios de campo sobre el folclore entre los afroamericanos del Sur. Uno de los resultados de estos estudios fue el libro Mules and Men (1935), una colección de folclore presentada en el marco de una narrativa unificadora.

El origen de Zora Neale Hurston también se refleja en sus novelas, la mayoría de las cuales incorporan elementos del folclore en algún grado. Tras estudiar en Haití y Jamaica en 1936, escribió Sus ojos miraban a Dios (1937), considerada su mejor novela. En ella narraba el crecimiento de una joven negra hacia la autoconciencia y la independencia. Otras novelas de Hurston fueron Jonah's Gourd Vine (1934), la historia de un predicador negro; el Moisés alegórico, Man of the Mountain (1939); y Seraph on the Suwanee (1948).

Durante varios años, Zora Neale Hurston formó parte del profesorado del North Carolina College for Negroes (actual North Carolina Central University) de Durham. También formó parte del personal de la Biblioteca del Congreso. Su autobiografía Dust Tracks on a Road (1942) goza de gran prestigio. A pesar de sus promesas iniciales, en el momento de su muerte era poco recordada por el público lector, pero a finales del siglo XX resurgió el interés por su obra.

Se publicaron otras colecciones póstumas, como Spunk: The Selected Stories (1985), The Complete Stories (1995) y Every Tongue Got to Confess (2001), una colección de cuentos populares del Sur. En 1995 la Library of America publicó un conjunto de dos volúmenes de su obra en su serie. Zora Neale Hurston murió el 28 de enero de 1960 en Fort Pierce, Florida.

Destacados

- En 1930 Zora Neale Hurston colaboró con Hughes en una obra de teatro titulada Mule Bone: A Comedy of Negro Life in Three Acts (publicada póstumamente en 1991).

- Durante varios años, Zora Neale Hurston formó parte del profesorado del North Carolina College for Negroes (actual North Carolina Central University) de Durham.
- A pesar de las primeras promesas de Zora Neale Hurston, en el momento de su muerte era poco recordada por el público lector en general, pero a finales del siglo XX resurgió el interés por su obra.
- Además de Mule Bone, se publicaron póstumamente otras colecciones, como Spunk: The Selected Stories (1985), The Complete Stories (1995) y Every Tongue Got to Confess (2001), una colección de cuentos populares del Sur.

Preguntas de investigación

---

1. ¿Quién es su héroe feminista negro favorito y por qué lo ama?
2. ¿Quién era su heroína cuando era niño, ya sea en la vida real o en la televisión/películas?
3. ¿Cómo sería el mundo si estuviera dirigido por mujeres (negras) en lugar de la sociedad actual?

Mahalia Jackson (1911-1972)

Cantante de gospel afroamericano

"La fe y la oración son las vitaminas del alma; el hombre no puede vivir con salud sin ellas".

Con su voz retumbante y conmovedora, la cantante de gospel afroamericana Mahalia Jackson entonaba himnos y espirituales con una intensidad y riqueza que la hicieron famosa en todo el mundo. Aunque Jackson podría haberse convertido en una cantante de blues de éxito, decidió a una edad temprana dedicar su talento a la música de contenido religioso y su energía a ayudar a la gente a vivir en paz y armonía.

Mahalia Jackson nació el 26 de octubre de 1911 en Nueva Orleans, Luisiana, hija de Johnny Jackson, estibador, predicador y barbero, y de su esposa, Charity, lavandera y criada. Una familia muy pobre, los Jackson eran también extremadamente religiosos. La madre de Mahalia, que murió cuando ésta tenía 5 años, era una devota bautista, y Mahalia cantaba regularmente himnos en el coro de la iglesia.

Al crecer en Nueva Orleans, Mahalia Jackson también recibió la influencia de los diversos sonidos y ritmos de las calles, así como de las canciones de la legendaria cantante de blues Bessie Smith. Aunque el estilo del blues era popular entre los negros del Sur, la familia de Mahalia rechazaba las canciones de blues por considerarlas decadentes y la disuadía de cantarlas.

Cuando tenía 16 años, Mahalia Jackson se fue a vivir con un pariente en Chicago, donde esperaba asistir a la escuela de enfermería. Con sólo una educación de octavo grado, Jackson pronto se encontró ganando dinero haciendo trabajos domésticos. Al ingresar en una iglesia baptista local, Jackson se presentó a una audición para el coro e inmediatamente fue invitada a ser solista.

Se corrió la voz de su talento y pronto Mahalia Jackson actuó en otras iglesias y en funerales por toda la zona de Chicago. Cuando el abuelo de Jackson sufrió un derrame cerebral y entró en coma, ella prometió que, si se recuperaba, Jackson nunca cantaría ninguna canción que él desaprobara. Él se recuperó y ella mantuvo su promesa, aunque más tarde le ofrecieron grandes sumas de dinero para interpretar blues en clubes nocturnos.

A finales de la década de 1930, Mahalia Jackson pasó cinco años de gira por el país con el conocido compositor Thomas A. Dorsey. Visitaban iglesias y tiendas de campaña de gospel, donde Jackson cantaba himnos tradicionales. Tras ganar muy poco dinero en sus años de gira, Jackson regresó a Chicago y abrió un salón de belleza y una floristería.

Un día Mahalia Jackson estaba practicando en un estudio de grabación en 1946 cuando un representante de la compañía discográfica Decca la escuchó cantar y le pidió que hiciera una grabación. "Move on up a Little Higher" (1946) se convirtió en su gran éxito. El sencillo se convirtió en disco de platino y la lanzó a la fama nacional.

Mahalia Jackson, repentinamente famosa, compró un automóvil lo suficientemente grande como para dormir en él, de modo que tuviera un lugar donde pasar la noche cuando actuara en zonas segregadas donde los moteles negaban las habitaciones a los negros. También llevaba su propia comida para no tener que frecuentar restaurantes segregados.

El extraordinario canto de Mahalia Jackson acabó por atraer al público blanco. Su popularidad se extendió a nivel nacional e internacional. Uno de los conciertos más famosos de Jackson tuvo lugar en Israel, donde actuó para un público de cristianos, judíos y musulmanes.

Mahalia Jackson dedicó gran parte de su tiempo y energía al movimiento por los derechos civiles de las décadas de 1950 y 1960. Participó en el boicot a los autobuses de Montgomery que siguió a la negativa de Rosa Parks a ceder su asiento en el autobús a una persona blanca. Mahalia Jackson cantó la vieja e inspiradora "I Been 'Buked and I Been Scorned" a más de 200.000 personas en la marcha de 1963 en Washington, D.C., justo antes del famoso discurso "I Have a Dream" de Martin Luther King.

Mahalia Jackson murió de un fallo cardíaco el 27 de enero de 1972, y fue llorada por sus fans de todo el mundo. Su única ambición no cumplida había sido construir una iglesia no sectaria y no confesional en Chicago. Fue incluida en el Salón de la Fama del Rock and Roll en la categoría de primeras influencias en 1997.

Destacados

- Mahalia Jackson llamó la atención del público por primera vez en la década de 1930, cuando participó en una gira gospel por todo el país cantando canciones como "He's Got the Whole World in His Hands" y "I Can Put My Trust in Jesus".
- Mahalia Jackson cantó en la radio y en la televisión y, a partir de 1950, actuó ante un público desbordado en los conciertos anuales del Carnegie Hall de Nueva York.
- Ocho de los discos de Jackson vendieron más de un millón de copias cada uno.
- En los años 50 y 60, Mahalia Jackson participó activamente en el movimiento por los derechos civiles.

Preguntas de investigación

1. Si pudiera elegir cualquier superpoder o talento, ¿cuál sería y por qué?
2. ¿Tienes algún miedo o inseguridad que te impida ser plenamente tú mismo y tomar las riendas de tu futuro?
3. ¿Cómo podemos hacer frente al racismo y al mismo tiempo equilibrar el deseo de un cambio rápido?

Rita Dove (nacida en 1952)

El primer poeta afroamericano en ser poeta laureado de Estados Unidos

"La poesía es el lenguaje más destilado y poderoso".

La escritora y profesora afroamericana Rita Dove fue poetisa laureada de Estados Unidos de 1993 a 1995. En su poesía abordó las dimensiones sociales y políticas más amplias de la experiencia afroamericana, principalmente de forma indirecta.

Rita Frances Dove nació el 28 de agosto de 1952 en Akron, Ohio. En el instituto fue considerada una de las 100 mejores estudiantes del país en 1970, y Dove fue nombrada becaria presidencial. Se graduó con los máximos honores en la Universidad de Miami de Ohio en 1973 y posteriormente estudió en la Universidad de Tübingen, en Alemania, como becaria Fulbright.

Rita Dove estudió escritura creativa en la Universidad de Iowa, donde obtuvo un máster en Bellas Artes en 1977, y publicó el primero de varios pequeños libros de su poesía. De 1981 a 1989 Dove enseñó en la

Universidad Estatal de Arizona, puesto que dejó para enseñar en la Universidad de Virginia.

En sus poemarios, como The Yellow House on the Corner (1980) y Museum (1983), así como en un volumen de relatos cortos titulado Fifth Sunday (1985), Rita Dove centró su atención en las particularidades de la vida familiar y la lucha personal. El libro Thomas and Beulah (1986), galardonado con el premio Pulitzer, es un ciclo de poemas que relata la vida de los abuelos maternos de la autora, nacidos en el Sur profundo a principios de siglo.

Entre sus obras posteriores se encuentran las colecciones de poesía The Other Side of the House (1988), Grace Notes (1989), Selected Poems (1993), Mother Love (1995), On the Bus with Rosa Parks (1999) y la novela Through the Ivory Gate (1992).

En 1993, Rita Dove se convirtió en la persona más joven y la primera afroamericana en ser nombrada poeta laureada de Estados Unidos por la Biblioteca del Congreso. La obra de Dove The Darker Face of the Earth (publicada en 1994) se estrenó en 1996.

Destacados

- Rita Dove estudió escritura creativa en la Universidad de Iowa (M.F.A., 1977) y publicó el primero de varios cuadernos de su poesía en 1977.
- En sus poemarios, como The Yellow House on the Corner (1980) y Museum (1983), así como en un volumen de relatos cortos titulado Fifth Sunday (1985), Dove centró su atención en las particularidades de la vida familiar y la lucha personal, abordando las dimensiones sociales y políticas más amplias de la experiencia negra principalmente por indirecta.
- En 1993, Rita Dove fue nombrada poetisa laureada de Estados Unidos por la Biblioteca del Congreso, convirtiéndose en la persona más joven y la primera afroamericana en ocupar el cargo.
- En 2018 Dove fue nombrada editora de poesía de The New York Times Magazine.

Preguntas de investigación

1. ¿Cuál es su libro favorito escrito por una mujer negra?
2. ¿Qué personaje negro (femenino) famoso, influyente e intrépido admira más?
3. ¿Cómo habría cambiado la trayectoria de su vida el hecho de tener un modelo negro como ella?

Tu regalo

Tienes un libro en tus manos.

No es un libro cualquiera, es un libro de Student Press Books. Escribimos sobre héroes negros, mujeres empoderadas, mitología, filosofía, historia y otros temas interesantes.

Ya que has comprado un libro, queremos que tengas otro gratis.

Todo lo que necesita es una dirección de correo electrónico y la posibilidad de suscribirse a nuestro boletín (lo que significa que puede darse de baja en cualquier momento).

¿A qué espera? Suscríbase hoy mismo y reclame su libro gratuito al instante. Todo lo que tiene que hacer es visitar el siguiente enlace e introducir su dirección de correo electrónico. Se le enviará el enlace para descargar la versión en PDF del libro inmediatamente para que pueda leerlo sin conexión en cualquier momento.

Y no te preocupes: no hay trampas ni cargos ocultos; sólo un regalo a la vieja usanza por parte de Student Press Books.

Visite este enlace ahora mismo y suscríbase para recibir un ejemplar gratuito de uno de nuestros libros.

Link: https://campsite.bio/studentpressbooks

Libros

Nuestros libros están disponibles en las principales librerías online. Descubra los paquetes digitales de nuestros libros aquí: https://payhip.com/studentPressBooksES

La serie de libros sobre la historia de la raza negra.

Bienvenido a la serie de libros sobre la historia de la raza negra. Conozca los modelos de conducta de los negros con estas inspiradoras biografías de pioneros de América, África y Europa. Todos sabemos que la Historia de la raza negra es importante, pero puede ser difícil encontrar buenos recursos.

Muchos de nosotros estamos familiarizados con los sospechosos habituales de la cultura popular y los libros de historia, pero estos libros también presentan a héroes y heroínas afroamericanas menos conocidos de todo el mundo cuyas historias merecen ser contadas. Estos libros de biografías te ayudarán a comprender mejor cómo el sufrimiento y las acciones de las personas han dado forma a sus países y comunidades marcando a las futuras generaciones.

Títulos disponibles:

1. 21 líderes afroamericanos inspiradores: Las vidas de grandes triunfadores del siglo XX: Martin Luther King Jr., Malcolm X, Bob Marley y otras personalidades
2. 21 heroínas afroamericanas extraordinarias: Relatos sobre las mujeres de raza negra más relevantes del siglo XX: Daisy Bates, Maya Angelou y otras personalidades

La serie de libros "Empoderamiento femenino".

Bienvenido a la serie de libros Empoderamiento femenino. Descubre los intrépidos modelos femeninos de los tiempos modernos con estas inspiradoras biografías de pioneras de todo el mundo. El empoderamiento femenino es un tema importante que merece más atención de la que recibe. Durante siglos se ha dicho a las mujeres que su lugar está en el hogar, pero esto nunca ha sido cierto para todas las mujeres o incluso para la mayoría de ellas.

Las mujeres siguen estando poco representadas en los libros de historia, y las que llegan a los libros de texto suelen quedar relegadas a unas pocas páginas. Sin embargo, la historia está llena de relatos de mujeres fuertes, inteligentes e independientes que superaron obstáculos y cambiaron el curso de la historia simplemente porque querían vivir su propia vida.

Estos libros biográficos te inspirarán a la vez que te enseñarán valiosas lecciones sobre la perseverancia y la superación de la adversidad. Aprende de estos ejemplos que todo es posible si te esfuerzas lo suficiente.

Títulos disponibles:

1. 21 mujeres sorprendentes: Las vidas de las intrépidas que rompieron barreras y lucharon por la libertad: Angela Davis, Marie Curie, Jane Goodall y otros personajes

2. 21 mujeres inspiradoras: La vida de mujeres valientes e influyentes del siglo XX: Kamala Harris, Madre Teresa y otras personalidades
3. 21 mujeres increíbles: Las inspiradoras vidas de las mujeres artistas del siglo XX: Madonna, Yayoi Kusama y otras personalidades
4. 21 mujeres increíbles: La influyente vida de las valientes mujeres científicas del siglo XX

La serie de libros de Líderes Mundiales.

Bienvenido a la serie de libros de Líderes Mundiales. Descubre los modelos reales y presidenciales del Reino Unido, Estados Unidos y otros países. Con estas biografías inspiradoras de la realeza, los presidentes y los jefes de Estado, conocerás a los valientes que se atrevieron a liderar, incluyendo sus citas, fotos y datos poco comunes.

La gente está fascinada por la historia y la política y por aquellos que la moldearon. Estos libros ofrecen nuevas perspectivas sobre la vida de personajes notables. Esta serie es perfecta para cualquier persona que quiera aprender más sobre los grandes líderes de nuestro mundo; jóvenes lectores ambiciosos y adultos a los que les gusta leer sobre personajes interesante.

Títulos disponibles:

1. Los 11 miembros de la familia real británica : La biografía de la Casa de Windsor: La reina Isabel II y el príncipe Felipe, Harry y Meghan y más
2. Los 46 presidentes de América : Sus historias, logros y legados: De George Washington a Joe Biden
3. Los 46 presidentes de América: Sus historias, logros y legados - Edición ampliada

La serie de libros de Mitología Cautivadora.

Bienvenido a la serie de libros de Mitología Cautivadora. Descubre los dioses y diosas de Egipto y Grecia, las deidades nórdicas y otras criaturas mitológicas.

¿Quiénes son estos antiguos dioses y diosas? ¿Qué sabemos de ellos? ¿Quiénes eran realmente? ¿Por qué se les rendía culto en la antigüedad y de dónde procedían estos dioses?

Estos libros presentan nuevas perspectivas sobre los dioses antiguos que inspirarán a los lectores a considerar su lugar en la sociedad y a aprender sobre la historia. Estos libros de mitología también examinan temas que influyeron en ella, como la religión, la literatura y el arte, a través de un formato atractivo con fotos o ilustraciones llamativas.

Títulos disponibles:

1. El antiguo Egipto: Guía de los misteriosos dioses y diosas egipcios: Amón-Ra, Osiris, Anubis, Horus y más

2. La antigua Grecia: Guía de los dioses, diosas, deidades, titanes y héroes griegos clásicos: Zeus, Poseidón, Apolo y otros
3. Antiguos cuentos nórdicos: Descubriendo a los dioses, diosas y gigantes de los vikingos: Odín, Loki, Thor, Freya y más

La serie de libros de Teoría Simple.

Bienvenido a la serie de libros de Teoría Simple. Descubre la filosofía, las ideas de los antiguos filósofos y otras teorías interesantes. Estos libros presentan las biografías e ideas de los filósofos más comunes de lugares como la antigua Grecia y China.

La filosofía es un tema complejo, y mucha gente tiene dificultades para entender incluso lo más básico. Estos libros están diseñados para ayudarte a aprender más sobre la filosofía y son únicos por su enfoque sencillo. Nunca ha sido tan fácil ni tan divertido comprender mejor la filosofía como con estos libros. Además, cada libro también incluye preguntas para que puedas profundizar en tus propios pensamientos y opiniones.

Títulos disponibles:

1. Filosofía griega: Vidas e ideales de los filósofos de la antigua Grecia: Sócrates, Platón, Protágoras y otros
2. Ética y Moral: Filosofía moral, bioética, retos médicos y otras ideas éticas

La serie de libros Empoderamiento para jóvenes empresarios.

Bienvenido a la serie de libros Empoderamiento para jóvenes empresarios. Nunca es demasiado pronto para que los jóvenes ambiciosos comiencen su carrera. Tanto si eres una persona con mentalidad empresarial que intentas construir tu propio imperio, como si eres un aspirante a empresario que comienza el largo y sinuoso camino, estos libros te inspirarán con las historias de empresarios de éxito.

Conoce sus vidas y sus fracasos y éxitos. Toma el control de tu vida en lugar de simplemente vivirla.

Títulos disponibles:

1. 21 empresarios de éxito: Las vidas de importantes personalidades exitosas del siglo XX: Elon Musk, Steve Jobs y otros
2. 21 emprendedores revolucionarios: La vida de increíbles personalidades del siglo XIX: Henry Ford, Thomas Edison y otros

La serie de libros de Historia fácil.

Bienvenido a la serie de libros de Historia fácil. Explora varios temas históricos desde la edad de piedra hasta los tiempos modernos, además de las ideas y personas influyentes que vivieron a lo largo de los tiempos.

Estos libros son una forma estupenda de entusiasmarse con la historia. Los libros de texto, áridos y aburridos, suelen desanimar a la gente, pero las historias de personas corrientes que marcaron un punto de inflexión en la historia mundial, son muy atrayentes. Estos libros te dan esa oportunidad a la vez que te enseñan información histórica importante.

Títulos disponibles:

1. La Primera Guerra Mundial, sus grandes batallas y las personalidades y fuerzas implicadas
2. La Segunda Guerra Mundial: La historia de la Segunda Guerra Mundial, Hitler, Mussolini, Churchill y otros protagonistas implicados
3. El Holocausto: Los nazis, el auge del antisemitismo, la Noche de los cristales rotos y los campos de concentración de Auschwitz y Bergen-Belsen
4. La Revolución Francesa: El Antiguo Régimen, Napoleón Bonaparte y las guerras revolucionarias francesas, napoleónicas y de la Vendée

Nuestros libros están disponibles en las principales librerías online. Descubra los paquetes digitales de nuestros libros aquí: https://payhip.com/studentPressBooksES

Conclusión

Esperamos que haya disfrutado leyendo sobre estas 21 heroínas afroamericanas extraordinarias del siglo XX. Desde Bessie Coleman hasta Miriam Makeba, estas personas son una inspiración, ¡Y esperamos que hayas aprendido algo nuevo!

Ha leído sobre cómo estos iconos femeninos superaron la adversidad a través de la educación y el trabajo duro, al tiempo que lograron un gran impacto en el camino. ¿Te ha inspirado alguna de estas heroínas afroamericanas extraordinarias ?

Las 21 fascinantes historias de este libro no sólo tratan del éxito de estas mujeres negras, sino también de sus vidas. Muchas se enfrentaron a adversidades en su camino para lograr lo que deseaban conseguir a pesar de las dificultades que les imponía la sociedad. Tuvieron que pasar por duras luchas, pero valió la pena todo el trabajo cuando se analizalo mucho que lograron.

Espero que hayas aprendido mucho de este libro. Vuelve a leerlo alguna vez.

¿Has leído esta lectura educativa? ¿Qué te ha parecido? ¡Háznoslo saber con una bonita reseña del libro!

Nos encantaría conocer tu opinión, ¡Assí que anímate a escribir una!

www.ingramcontent.com/pod-product-compliance
Ingram Content Group UK Ltd.
Pitfield, Milton Keynes, MK11 3LW, UK
UKHW022013190726
13853UKWH00005B/1900